Filosofia, um modo de vida

Filosofia, um modo de vida

Marilena Chaui

Planeta

Preparação: Fernanda Guerriero Antunes
Revisão: Lais Chagas e Bonie Santos
Diagramação: Negrito Produção Editorial
Capa: Laura Lotufo

Dados Internacionais de Catalogação na Publicação (CIP)
Angélica Ilacqua CRB-8/7057

Chaui, Marilena
Filosofia, um modo de vida / Marilena Chaui. - São Paulo : Planeta do Brasil, 2025.
144 p.

ISBN 978-85-422-3800-6

1. Filosofia I. Título

25-3624 CDD 100

Índice para catálogo sistemático:
1. Filosofia

MISTO
Papel | Apoiando o manejo florestal responsável
FSC® C112738
FSC
www.fsc.org

Ao escolher este livro, você está apoiando o manejo responsável das florestas do mundo

2025
Todos os direitos desta edição reservados à
Editora Planeta do Brasil Ltda.
Rua Bela Cintra, 986, 4º andar – Consolação
São Paulo – SP – cep 01415-002
www.planetadelivros.com.br
faleconosco@editoraplaneta.com.br

SUMÁRIO

CARTA À LEITORA E AO LEITOR

Estimada leitora, estimado leitor,

Os ensaios aqui publicados foram, originalmente, conferências destinadas a públicos diversos em ocasiões diferentes. Por esse motivo, o tom é coloquial, próprio da fala dirigida a quem está próximo e presente.

Da mesma maneira, para conservá-los em sua forma original, foram mantidas poucas referências bibliográficas, com menção apenas a autores de cuja obra são citadas algumas passagens, com a função de esclarecer uma ideia que terá consequências importantes para o argumento proposto.

Por isso, peço a benevolência da leitora e do leitor.

Marilena Chaui

1

FILOSOFIA, UM MODO DE VIDA[1]

Conta a lenda que o primeiro filósofo, Tales de Mileto, interessava-se pelo estudo das estrelas e que um dia, olhando para o céu, tropeçou numa pedra e caiu numa vala. Uma serviçal que o acompanhava exclamou: "Como pretendes, ó Tales, tu, que não consegues sequer ver o que está à tua frente, conhecer tudo sobre o céu?".

Essa lenda serviu, desde a Antiguidade, para a invenção da imagem do filósofo como alguém distraído, incapaz de prestar atenção nas coisas mais simples, dedicando sua vida a contemplar o que se encontra distante.

Dessa imagem nasceu também uma pergunta: "Para que filosofia?". Muito conhecida é a resposta que ela costuma receber: "A filosofia é uma ciência com a qual e sem a qual o mundo permanece tal e qual".

---

1 Este ensaio foi originalmente uma conferência na Universidade São Bento, em São Paulo, quando da criação do curso de Filosofia, em 1992.

Imaginação de gente distraída, a filosofia não tem serventia alguma. Assim julga o senso comum.

Eis por que o registro doxográfico de Diógenes de Laércio de uma afirmação atribuída a Pitágoras vai exatamente em sentido inverso ao da acompanhante de Tales e do senso comum. Segundo Pitágoras, aos Jogos Olímpicos comparecem três tipos de pessoas: as que vão para competir, as que ali vão para comerciar e aquelas que lá estão para contemplar, compreender e avaliar os acontecimentos. A estes, Pitágoras teria dado o nome de *filósofos*.

Se acompanharmos Pierre Hadot em *O que é a filosofia antiga?*, a palavra *sophía* possui dois sentidos que o pensamento moderno costuma separar: *saber* e *sabedoria*. Em outras palavras, o pensamento moderno distingue entre conhecimento racional (saber) e vida moral (sabedoria), isto é, entre conhecer e agir. Essa distinção leva a diferenciar dois sentidos para *sophós*: sábio é aquele com conhecimentos científicos, históricos, artísticos – o cientista e a pessoa culta ou cultivada –, mas pode ser também aquele que sabe conduzir-se bem na vida e alcançar a felicidade – o homem virtuoso, o agente moral verdadeiro.

Comentando a pluralidade de sentidos de *sophía* e *sophós* no grego arcaico, Hadot lembra que, em Homero e Hesíodo, essas palavras se referem a um saber-fazer – o bom carpinteiro, o bom médico, o bom poeta são *sophói* e possuem *sophía*; mas, na tradição grega, inclui-se, além do saber técnico, o saber político ou a capacidade legisladora e oratória – nesse sentido, Sólon foi um dos Sete Sábios –, e também o que poderíamos chamar de saber científico – por esse motivo, Tales também foi um dos Sete Sábios. E, justamente por se apresentarem como mestres de eloquência e de todos os ofícios, os sofistas se diziam *sophói*.

É interessante observar que, inspirando-se em Nietzsche – portanto, num filósofo que prezava a Grécia arcaica contra a Grécia clássica –, Gilles Deleuze e Félix Guattari, em *O que é filosofia?*, parecem retornar a esse sentido mais antigo de *sophía*, pois definem a filosofia como criação ou fabricação de conceitos:

> A filosofia, mais rigorosamente, é a disciplina que consiste em *criar* conceitos. [...] Criar conceitos sempre novos é o objeto da filosofia. É porque o conceito deve ser criado que ele remete ao filósofo como àquele que o tem em potência, ou que tem sua potência e sua competência. [...] Para falar a verdade, as ciências, as artes, as filosofias são igualmente criadoras, mesmo se compete apenas à filosofia criar conceitos no sentido estrito. Os conceitos não nos esperam inteiramente feitos, como corpos celestes. Não há céu para os conceitos. Eles devem ser inventados, fabricados ou antes criados, e não seriam nada sem a assinatura daqueles que os criam. Nietzsche determinou a tarefa da filosofia quando escreveu: "os filósofos não devem contentar-se em aceitar os conceitos que lhes são dados, para somente limpá-los e fazê-los reluzir, mas é necessário que comecem por fabricá-los, criá-los, afirmá-los, persuadindo os homens a utilizá-los".[2]

---

2 Deleuze, Gilles; Guattari, Félix. *O que é filosofia?* Tradução de Bento Prado Jr. e Alberto Alonso Munõz. 3. ed. São Paulo: Editora 34, 2010. p. 11-12.

O sentido poiético, ou fabricador da antiga *sophía*, tenderá a desaparecer na Grécia clássica e, mais precisamente, com Sócrates e Platão, com os quais *sophía* ganha o sentido que dará origem à palavra *philosophía*. *Sophía* é conhecimento racional e maneira de viver segundo o conhecimento racional. *Philosophía*, amizade pela *sophía*, por sua vez, é a busca do saber teorético ou contemplativo e um modo de vida.

É sob essa perspectiva que podemos ler, em *A República*, o mito ou a alegoria da caverna, no momento em que Platão explicita o contraste profundo entre uma vida na escuridão e uma vida na luz do conhecimento.

Imaginemos uma caverna separada do mundo externo por um alto muro. Entre este e o chão da caverna, há uma fresta por onde passa alguma luz exterior, deixando a caverna na obscuridade quase completa. Desde seu nascimento, geração após geração, seres humanos ali estão acorrentados, sem poder mover a cabeça na direção da entrada, nem se locomover, forçados a olhar apenas a parede do fundo. Eles vivem sem nunca ter visto o mundo exterior nem a luz do Sol, sem jamais ter efetivamente visto uns aos outros, pois não podem mover a cabeça nem o corpo, e sem ver a si mesmos, porque estão no escuro e imobilizados.

Abaixo do muro, do lado de dentro da caverna, há um fogo que ilumina vagamente o interior sombrio e faz com que as coisas que se passam do lado de fora sejam projetadas como sombras nas paredes do fundo da caverna. Do lado de fora, pessoas passam conversando e carregando nos ombros figuras ou imagens de homens, mulheres, animais cujas sombras também são projetadas na parede da caverna, como num teatro de fantoches. Os prisioneiros julgam que as sombras de coisas e pessoas, os sons de suas falas e as imagens que transportam nos ombros são as próprias coisas externas, e que os artefatos projetados são seres vivos que se movem e falam.

Os prisioneiros se comunicam, dando nomes às coisas que julgam ver, e imaginam que escutam as vozes das próprias sombras, e não as dos homens cujas imagens estão projetadas na parede. Também acreditam que os sons produzidos pelos artefatos que esses homens do lado de fora carregam são vozes de seres reais. Qual é, pois, a situação dessas pessoas aprisionadas? Tomam sombras por realidade, tanto as das coisas e as dos homens exteriores como as sombras dos artefatos fabricados por eles. Essa confusão, porém, não tem como causa a natureza dos prisioneiros, e sim as condições adversas em que se encontram. Que aconteceria se fossem libertados dessa miséria?

Um dos prisioneiros, inconformado com a condição em que se encontra, decide abandoná-la. Fabrica um instrumento com o qual quebra os grilhões. De início, move a cabeça, depois o corpo todo; a seguir, avança na direção do muro e o escala. Enfrentando as durezas de um caminho íngreme e difícil, sai da caverna. No primeiro instante, fica totalmente cego pela luminosidade do Sol, com a qual seus olhos não estão acostumados. Enche-se de dor por causa dos movimentos que seu corpo realiza pela primeira vez e pelo ofuscamento de seus olhos sob a ação da luz externa, muito mais forte do que o fraco brilho do fogo que havia no interior da caverna. Sente-se dividido entre a incredulidade e o deslumbramento. Incredulidade porque será obrigado a decidir onde se encontra a realidade: no que vê agora ou nas sombras em que sempre viveu. Deslumbramento (literalmente: ferido pela luz) porque seus olhos não conseguem ver com nitidez as coisas iluminadas. Seu primeiro impulso é retornar à caverna para livrar-se da dor e do espanto, atraído pela escuridão, que lhe parece mais acolhedora. Além disso, precisa aprender a ver, e esse aprendizado é doloroso, fazendo-o desejar a caverna, onde tudo lhe é familiar e conhecido.

Sentindo-se sem disposição para regressar à caverna por causa da rudeza do caminho, o prisioneiro permanece no exterior. Aos poucos, habitua-se à luz e começa a ver o mundo. Encanta-se, tem a felicidade de finalmente ver as próprias coisas, descobrindo que estivera prisioneiro a vida toda e que em sua prisão vira apenas sombras. Daqui em diante, desejará ficar longe da caverna para sempre, e lutará com todas as suas forças para jamais regressar a ela. No entanto, não pode evitar lastimar a sorte dos outros prisioneiros e, por fim, toma a difícil decisão de regressar ao subterrâneo para contar aos demais o que viu e convencê-los a se libertar também.

Que lhe acontece nesse retorno? Os demais prisioneiros zombam dele, não acreditando em suas palavras – e, se não conseguirem silenciá-lo com suas caçoadas, tentarão espancá-lo. E, se mesmo assim ele teimar em afirmar o que viu e os convidar a sair da caverna, certamente acabarão por matá-lo. Mas, quem sabe, alguns poderão ouvi-lo e, contra a vontade dos demais, também decidir sair da caverna rumo à realidade.

O que é a caverna? O mundo de aparências em que vivemos. Que são as sombras projetadas no fundo? As coisas que percebemos. Que são os grilhões e as correntes? Nossos preconceitos e opiniões, nossa crença de que o que estamos percebendo é a realidade. Quem é o prisioneiro que se liberta e sai da caverna? O filósofo. O que é a luz do Sol? A luz da verdade. O que é o mundo iluminado pelo Sol da verdade? A realidade. Qual o instrumento que liberta o prisioneiro rebelde e com o qual ele deseja libertar os outros prisioneiros? A filosofia. Eis por que Platão afirma que a filosofia nasce da admiração.

No diálogo *Eutidemo*, Platão define a filosofia como o uso de um saber em proveito dos humanos, ou uma ciência na qual coincidem saber e fazer valer aquilo que se sabe. Todavia, é em *O Banquete* que a vida filosófica é mais bem definida, pois ali ela é amor ou desejo de sabedoria. A filosofia é, como seu nome diz, uma experiência de amor. Por isso mesmo, uma experiência de desejo. Ora, a marca do desejo é o sentimento de uma ausência, da falta de algo que completa nosso ser, dando-nos uma vida plena. Eis por que é filósofo aquele que deseja o saber, pois se sabe privado dele. É por ser desejo e busca que ela não pode ser possuída por alguém, e é nesse sentido que Sócrates interpreta o oráculo de Delfos, isto é, ele é o mais sábio dos homens porque sabe que nada sabe.

Sócrates e Platão instituem, assim, uma distância insuperável entre a filosofia – aspiração pelo saber – e a sabedoria

– posse plena do saber. É também essa percepção da distância entre o desejo e sua realização que encontramos na *Metafísica* de Aristóteles, quando, depois de explicar que a filosofia nasce do espanto e da aporia, Aristóteles explica que se há espanto e aporia é justamente porque o filósofo reconhece sua própria ignorância, e é para suprimi-la que ele filosofa.

Todavia, porque a filosofia é também modo de vida, desde Sócrates a escolha desse modo de vida não é algo que aconteça depois de realizado o percurso teórico, não vem depois de concluído o processo da atividade filosófica teorética, mas, ao contrário, esse modo de vida se encontra na origem do processo, é sua razão de ser. Como escreve Hadot, trata-se de uma escolha feita:

> [...] em uma complexa interação entre a reação crítica a outras atitudes existenciais, a visão global de certa maneira de viver e de ver o mundo, e a própria decisão voluntária; e essa opção determina até certo ponto a própria doutrina e o modo de ensino dessa doutrina. O discurso filosófico tem sua origem, portanto, em uma escolha de vida e numa opção existencial, e não o contrário.[3]

Aristóteles afirma que todos os seres finitos estão em mudança contínua porque buscam atualizar suas potencialidades para se realizar plenamente. Essa distância entre o

---

3 Hadot, Pierre. *O que é a filosofia antiga?* Tradução de Dion Davi Macedo. 2. ed. São Paulo: Loyola, 2004. p. 17-18. (Coleção Leituras Filosóficas).

que somos em potência e o que desejamos ser em ato é o que nos faz diferentes do divino, pois este existe sempre em ato, não carecendo nunca de modificar-se para atualizar potencialidades.

O divino é *sophía*, saber e sabedoria plenamente e eternamente realizadas. Por isso, os humanos que desejam acercar-se do divino escolhem o mais excelente modo de vida, o amor à sabedoria, *philosophía*, que os faz, por pouco tempo, experimentar a plenitude para sempre duradoura do divino.

Não nos esqueçamos de que a filosofia nasce na Grécia simultaneamente com o surgimento de um novo tipo de palavra e de um novo tipo de poder: a palavra dos guerreiros em assembleia e a política democrática. A assembleia dos guerreiros é um momento de *isegoria* e de *isonomia*: todos têm igual direito à palavra e todos estão submetidos às mesmas normas. Essa palavra igualitária, que marca também o início da democracia, introduz a ideia de palavra compartilhada entre iguais. Ora, tanto em Homero e Hesíodo como em Platão e Aristóteles, essa relação é de *philía*, amizade, somente possível entre iguais.

Sob essa perspectiva, a filosofia é um modo de vida que busca, pela amizade ao saber, instituir a amizade entre iguais, fazê-los compartilhar ideias e ações. Dessa maneira, compreendemos que a decisão filosófica jamais acontece na solidão, mas no meio da cidade e na formação de um círculo de amigos que compartilham o mesmo modo de vida. Como formar e congregar os amigos do saber? Pela criação de um *discurso novo*, de uma forma nova de argumentar racionalmente com força lógica e persuasiva, exercendo uma ação sobre o interlocutor para que, argumentando também, ele participe da comunidade. Dessa maneira, a filosofia é um modo de vida que suscita uma maneira de pensar e uma maneira de falar que põem em ação a razão. Comunicativa, a filosofia é uma atividade racional expressiva cuja finalidade é tornar cada um melhor e, dessa maneira, tornar todos melhores.

Escreve Hadot:

> Filosofia e discurso filosófico apresentam-se assim incomensuráveis e inseparáveis.
>
> Incomensuráveis, em primeiro lugar, porque, para os antigos, se é filósofo não em função da originalidade ou da abundância do discurso filosófico que se inventou e desenvolveu, mas em função da maneira pela qual se vive. Trata-se, antes de tudo, de tornar-se melhor. E o discurso só é filosófico quando se transforma em modo de vida. [...]
>
> Vida filosófica e discurso filosófico são incomensuráveis sobretudo porque de ordem totalmente heterogênea. O que faz o essencial da vida filosófica, a escolha existencial de um certo modo de vida, a experiência de certos estados, de certas disposições interiores, escapa totalmente à expressão do discurso filosófico. [...] Essas experiências não são da ordem do discurso ou das proposições.
>
> Incomensuráveis, mas também inseparáveis. Não há discurso que mereça ser chamado filosófico se estiver separado de uma vida filosófica; não há vida filosófica se não estiver estreitamente ligada ao discurso filosófico. [...]

> Ao contrário, a vida filosófica não pode passar sem o discurso filosófico, com a condição de que esse discurso seja inspirado e animado por ela. [...] Enfim, o discurso filosófico é mesmo uma das formas do exercício do modo de vida filosófico, sob a forma de diálogo com outros ou consigo mesmo.[4]

Sob a perspectiva do modo de vida e do discurso filosóficos, podemos acercar-nos de uma passagem de Alexandre Kojève sobre a diferença entre o filósofo e o não filósofo. Três são as principais marcas distintivas do filósofo: em primeiro lugar, ele é muito mais apto na arte dialética ou na arte da discussão e da argumentação, pois, além de saber construir seus argumentos e refutar as objeções alheias, percebe facilmente as insuficiências da argumentação do não filósofo. Segundo, a arte da discussão e da argumentação permite ao filósofo libertar-se, muito mais do que o não filósofo, dos preconceitos e, portanto, estar muito mais aberto à realidade tal como ela é dependendo muito pouco ou quase nada da maneira como, num momento histórico determinado, os não filósofos imaginam que ela é. Terceiro, estando mais aberto à realidade, aproxima-se muito mais do concreto do que o não filósofo, confinado em abstrações. Ora, é justamente por isso que o filósofo não pode escolher a solidão e o isolamento, pois seu modo de vida é a discussão e a argumentação; é um estar com os outros para ouvi-los e fazer-se ouvir para persuadir os não filósofos a se tornarem filósofos também.

4 Hadot, op. cit., p. 249-253.

Dessa maneira, escreve Kojève, o filósofo deve ser um pedagogo e tentar estender indefinidamente sua ação pedagógica sem renunciar à pedagogia, porque ela é o único critério objetivo da verdade da doutrina de um filósofo: o fato de possuir discípulos é a garantia contra o perigo da loucura, pois o filósofo isolado deve admitir como critério necessário e suficiente da verdade o sentimento interior da evidência. Se esta for exclusivamente subjetiva, e ele a obtiver rigorosamente na solidão, nada lhe garantirá que não está louco.

> Quem não quiser se contentar apenas com os critérios subjetivos da "evidência" ou da "revelação" (que não afastam o perigo da loucura), saberá que é impossível ser filósofo sem ser, ao mesmo tempo, pedagogo filosófico. E se o filósofo não quiser restringir artificial e indevidamente a extensão de sua ação pedagógica (correndo assim o risco dos preconceitos de "capela intelectual"), terá necessariamente tendência de tomar parte, de alguma maneira, na atividade política em seu conjunto, de maneira que sua pedagogia filosófica seja eficaz.[5]

Nessa mesma direção vai Merleau-Ponty, quando escreve, na *Fenomenologia da percepção*, que o bom professor não é aquele que diz ao aluno: "Faça como eu", e sim aquele que lhe diz: "Faça comigo" – como o bom professor de natação, que se lança na água com o aprendiz para que façam, juntos, os mesmos movimentos, para que aprenda a

---

5 Kojève, Alexandre. "Tyrannie et sagesse". In: Strauss, Leo. *De la tyranie*. Paris: Gallimard, 1983. p. 259 (tradução minha).

conhecer e conviver com o mundo líquido. No mesmo sentido, escreve no "Elogio da filosofia":

> A filosofia não pode ser um diálogo do filósofo com a verdade, um juízo superior sobre a vida, o mundo e a história, como se a filosofia estivesse *fora deles* – e não pode subordinar a qualquer instância exterior a verdade reconhecida interiormente. Precisa de transcender esta alternativa.[6]

Como ultrapassá-la? Mantendo presente a figura do patrono da filosofia, Sócrates, cuja vida e cuja morte testemunham as difíceis relações do filósofo com os deuses da cidade, isto é, com os outros homens e com o absoluto enrijecido, cuja imagem eles lhe estendem. Se o filósofo fosse um revoltado, ninguém se chocaria, pois todos sabem que o mundo como está vai muito mal. Mas Sócrates não é um revoltado.

Que diz ele aos atenienses? A religião é verdadeira, porém não como eles a pensam e a praticam, e sim como ele a pensa e a pratica; a cidade é justa, porém não pelas razões que ela apresenta, e sim pelas razões que ele conhece. Por isso ele não foge, comparece ao tribunal, aceita a sentença e a cumpre. Mas, afinal, que crime cometeu? Responde Merleau-Ponty: "infringe-lhes [aos atenienses] esta imperdoável ofensa de os fazer duvidar de si próprios".[7]

---

6 Merleau-Ponty, Maurice. *Elogia da filosofia*. Tradução de António Braz Teixeira. 3. ed. Lisboa: Guimarães Editores, 1986. p. 41. (Coleção Ideia Nova).

7 Ibidem, p. 49.

E por que não fugiu e aceitou a sentença? Porque a filosofia, modo de vida voltado para a verdade, o faz comparecer perante os juízes para explicar-lhes o que é a religião e o que é a cidade. O que se esperava dele? Exatamente aquilo que nenhum filósofo pode dar à cidade e aos seus deuses: o assentimento às coisas sem nenhum *considerandum*. A filosofia é crítica do instituído pela compreensão das causas e formas da instituição.

O que nos ensina Sócrates? Ninguém pode ser justo na solidão, pois quem assim pretender simplesmente deixa de ser justo. Comparecendo ao tribunal, é ele o justo, pois impede que Atenas se desonre e lhe dá a oportunidade de compreender-se a si mesma.

Que é, pois, a filosofia? É uma busca. Buscar é implicar que há o que ver, o que dizer e o que pensar. Imersa na cultura, a filosofia é aquela atividade cultural que interroga as outras, buscando sua origem, seu sentido e sua finalidade. Interroga o poder expressivo dos simbolismos que as outras manifestações culturais se limitam a praticar ou a exercer. Diz Merleau-Ponty: o filósofo é aquele que desperta e fala, exprimindo o que os outros, semiadormecidos, vivem e enfrentam num semissilêncio.

Esse despertar e essa fala indicam não somente o caráter expressivo e comunicativo da filosofia, mas também seu caráter crítico. O filósofo é aquele que é testemunha de sua busca, isto é, de sua desordem interior – *o pensamento debruçando-se sobre si próprio para saber como é possível pensar e exprimir o pensado tanto por ideias e palavras quanto por ações e sentimentos. O que é pensar, falar, sentir, agir?* Por isso, depois de tomar distância das coisas e recolher-se em si, o filósofo não ruma para o abismo de si mesmo nem para a posse do saber absoluto, mas para a descoberta da figura renovada do mundo e de si mesmo enraizado nele na companhia dos outros.

A filosofia nos permite falar em *obra de pensamento*. Imersa numa história, a obra de pensamento é aquela que inaugura uma nova história, abre um campo de pensamento inédito graças às críticas das representações instituídas, que obscurecem o presente e o porvir. Esse ato é inaugural porque tem como solo um estado radical de não saber. É como ausência de saber e de ação que o presente suscita a obra, cujo trabalho institui saber e ação. Desde Sócrates, sabemos que o trabalho da obra começa quando revela o sono em que está mergulhada a experiência imediata, quando a desmente e a desmistifica, obrigando-a a pensar a si mesma e, ao fazê-lo, conduzi-la a reconhecer-se como necessária e ilusória.

2

DA *ARS* COMO *TEKHNÉ* ÀS BELAS-ARTES[1]

A palavra *arte* vem do latim *ars* e corresponde ao termo grego *tékhne*, técnica, significando toda atividade humana submetida a regras em vista da fabricação de alguma coisa. Em latim, artesão, artífice ou artista se diz *artifex*, aquele que faz com arte, e também *opficis*, aquele que exerce um ofício, e o resultado de sua ação se diz *opus* (no singular) e *opera* (no plural), isto é, obra em português. A arte, ou técnica, era, portanto, uma atividade regrada em vista da produção de uma obra.

Em sentido amplo, *ars* ou *tékhne* significava habilidade e agilidade para inventar meios para vencer uma dificuldade ou um obstáculo posto pela natureza. Em sentido estrito, significava o aprendizado e a prática de um ofício que

1 Conferência para os estudantes de arquitetura da Faculdade de Arquitetura e Urbanismo (FAU) da Universidade de São Paulo (USP), em 2001.

possui regras, procedimentos e instrumentos próprios. *Ars* ou *tékhne* era um saber prático.

Por ser uma habilidade dirigida por regras e procedimentos com vista à produção de um artefato ou com a finalidade de vencer uma dificuldade imposta pela natureza, a arte ou técnica se definia por oposição ao que acontece *por acaso*, bem como ao que é simplesmente *espontâneo* ou não deliberado, e ao que é *natural*, ou seja, ao que existe ou acontece sem a intervenção humana. Por isso, em seu sentido mais geral, arte era um conjunto de regras e procedimentos com a função de bem dirigir uma atividade humana qualquer para que esta realizasse o fim a que se propôs.

Nessa perspectiva, falava-se em arte médica, arte política, arte militar, arte retórica, arte poética, arte dietética, arte da navegação, arte da caça, arte de pintar, esculpir, dançar etc. Platão não distinguia entre a arte e as ciências nem a distinguia da filosofia, uma vez que todas elas são atividades humanas ordenadas e regradas. A distinção platônica era feita entre dois tipos de artes ou técnicas: as judicativas, dedicadas apenas ao conhecimento; e as dispositivas ou imperativas, voltadas para uma ação prática.

Aristóteles, porém, estabeleceu duas distinções que perduraram por séculos na cultura ocidental.

A primeira distingue ciência da arte ou técnica: a ciência é um saber teórico que se refere ao *necessário* (isto é, ao que não pode ser diferente do que é por ser efeito de causas naturais necessárias), enquanto a arte ou técnica é um saber prático que opera no campo do *possível* (do que pode ser diferente do que é por ser efeito de uma deliberação ou decisão humana).[2]

A segunda distinção é estabelecida por ele no campo da própria prática com a diferença entre *ação* e *fabricação*. A ação, em grego *práxis*, é aquela atividade humana em que o agente, o ato que ele realiza e a finalidade buscada por ele são idênticos – a *práxis* define a ação ética e a ação política (assim, por exemplo, quem age virtuosamente é virtuoso, e a virtude é a ação que ele/ela realiza, de maneira que não se podem separar o agente virtuoso, o ato virtuoso e a virtude ou finalidade da ação). A fabricação, em grego *poiesis*, é aquela atividade humana na qual o agente (o artesão ou artista), a ação que ele realiza (as regras e procedimentos seguidos por ele) e a finalidade buscada (a obra) são diferentes e distintas – a *poiesis* define as artes ou técnicas como atividades de fabricação (assim, por exemplo, o médico, a ação de curar e a saúde reconquistada não são idênticos; da mesma maneira, o escultor, o cinzel e o mármore, as regras da escultura e a estátua não são idênticos).

Posteriormente, os filósofos neoplatônicos completaram as distinções aristotélicas distinguindo entre as técnicas ou artes cuja finalidade é auxiliar a natureza – como a medicina, a agricultura – e aquelas cuja finalidade é fabricar um objeto com os materiais oferecidos pela natureza – o artesanato propriamente dito. Distinguiram também outro conjunto

---

2 É este o sentido da expressão "a política é a arte do possível", que equivocadamente entendemos como "o que dá pra fazer", mas cujo sentido é: o que está ao alcance de nosso querer e depende de nossa ação.

de artes e técnicas que não se relacionam com a natureza, mas apenas com o próprio ser humano, para torná-lo melhor ou pior: música, dança, poesia e retórica (a pintura, a arquitetura e a escultura eram ramos práticos da geometria e pertenciam aos ofícios).

A classificação das artes ou técnicas seguiu um padrão que foi determinado pela estrutura da sociedade antiga e, portanto, pela organização social fundada na escravidão. A divisão social distinguia entre homens livres e escravos: a estes eram impostas todas as ocupações e todos os trabalhos manuais, enquanto àqueles estavam reservadas as atividades não manuais. *As núpcias de Mercúrio e Filologia*, uma obra escrita pelo historiador romano Varrão, oferece a classificação que perdurará do século II d.C. ao século XV, dividindo as artes em *artes liberais* (ou dignas do homem livre) e *artes servis ou mecânicas* (próprias do trabalhador manual).

Eram artes liberais – gramática, retórica, lógica, aritmética, geometria, astronomia e música – as que compunham o currículo escolar dos homens livres. Eram artes mecânicas todas as outras atividades técnicas: agricultura, caça, pesca, medicina, engenharia, arquitetura, navegação, pintura, escultura, olaria, carpintaria, marcenaria, fiação e tecelagem etc. Essa classificação será justificada por Tomás de Aquino, durante a Idade Média, como diferença entre as artes que dirigem o trabalho da razão (ou as artes liberais) e as que dirigem o trabalho das mãos (ou as artes mecânicas). Visto que, numa perspectiva religiosa cristã, somente a alma é livre e o corpo é para ela uma prisão, conclui-se que as artes liberais são superiores às artes mecânicas.

Por que as artes manuais são chamadas de artes "mecânicas"? As palavras gregas *mekháne* (mecânica) e *mákhena* (máquina) significam invenção engenhosa, estratagema astucioso para vencer uma dificuldade ou um obstáculo. Inicialmente empregadas para se referir a estratagemas de guerra e na montagem de cenários de teatro, pouco a pouco, passaram a significar também todo expediente habilidoso para resolver uma dificuldade corporal ou para superar um obstáculo à ação do corpo humano. O que é o estratagema astucioso ou a invenção habilidosa? Fazer com que alguém fraco realize uma tarefa acima de suas forças, graças a um instrumento que amplia suas forças. É assim, por exemplo, que uma alavanca e um martelo são máquinas ou objetos mecânicos, pois a alavanca permite deslocar um peso que uma pessoa, sozinha, jamais deslocaria, e o martelo permite quebrar ou unir objetos que as mãos sozinhas não conseguiriam quebrar ou unir. A técnica ou arte inventa instrumentos engenhosos e astutos para auxiliar o corpo a realizar uma atividade penosa, dura, difícil que, nas sociedades antigas, era realizada por escravos ou servos e por homens livres pobres.

A partir da Renascença, porém, trava-se uma luta pela valorização das artes mecânicas, por duas razões principais: em primeiro lugar, porque começa a surgir o ideal da *vida ativa*, que valoriza a aplicação prática ou técnica dos conhecimentos teóricos (como se vê em Leonardo da Vinci com suas invenções de máquinas de todo tipo e também com a importância dos objetos técnicos que permitiram a realização das grandes navegações e os descobrimentos marítimos, como a bússola e o telescópio); em segundo, porque o humanismo renascentista dignifica o corpo humano, e essa dignidade se traduz na chamada "batalha pela dignidade das artes mecânicas" para lhes dar a mesma condição das artes liberais. Além disso, estamos agora no início do capitalismo e, à medida que este se desenvolve, o trabalho passa a ser considerado fonte e causa das riquezas, sendo por isso valorizado, acarretando a valorização das artes mecânicas.

A primeira dignidade obtida pelas artes mecânicas foi sua elevação à condição de conhecimento, como as artes liberais. Em outras palavras, nelas não havia apenas a aplicação rotineira de regras de fabricação manual de objetos, mas conhecimentos teóricos para a invenção e a construção de instrumentos e para a realização de atividades como a medicina, a engenharia, a arquitetura, a balística, a pintura e a escultura.

A segunda dignidade foi alcançada no final do século XVII e a partir do século XVIII, quando se distinguiram as finalidades das várias artes mecânicas, isto é, as que têm como fim o que é útil aos humanos – medicina, agricultura, engenharia, arquitetura, culinária, os artesanatos (olaria, marcenaria, fiação, tecelagem, tapeçaria, joalheria, vidraria, jardinagem etc.) – e aquelas cujo fim é produzir o *belo* e provocar o sentimento da beleza – pintura, escultura, poesia (ou literatura), música, teatro e dança.

Com a ideia de utilidade, uma parte das artes mecânicas tornou-se efetivamente liberal, e com isso surgiram as chamadas *profissões liberais* (como o médico, o engenheiro, o advogado, o arquiteto, o professor etc.). Com a ideia de beleza, uma parte das artes mecânicas transformou-se nas chamadas *belas-artes*, modo pelo qual nós fomos acostumados a entender a arte.

A partir do final do século XVIII, a divisão social das classes – burguesia, pequena burguesia e proletariado – e seu ocultamento pela definição dos humanos como indivíduos introduziram a distinção entre artes da utilidade e artes da beleza, acarretando uma separação entre técnica (o útil) e arte (o belo). Isso levou à ideia da arte como ação individual espontânea, vinda da sensibilidade e da fantasia do artista como *gênio criador*. Enquanto o técnico (o trabalhador) é visto como aplicador de regras e procedimentos vindos da tradição ou da ciência, o artista é visto como indivíduo excepcional, dotado de *inspiração*, que era entendida como uma espécie de iluminação interior e espiritual misteriosa, levando o gênio a criar a obra. Além disso, a obra de arte, pensada a partir de sua finalidade – a criação do belo –, torna-se inseparável da figura do público (espectador, ouvinte, leitor), que julga e avalia o objeto artístico conforme tenha ou não realizado a beleza. A beleza está articulada à noção de bom gosto, e o julgamento da obra de arte pelo critério do bom gosto dá origem ao conceito de juízo de gosto, que será amplamente estudado pela filosofia quando inaugura uma nova disciplina, a estética, vinda da palavra grega *aesthesis*, que significa o conhecimento por meio dos órgãos dos sentidos. Gênio criador e inspiração, do lado do artista (fala-se nele como "animal incomparável"), beleza, do lado da obra, e juízo de gosto, do lado do público, constituem os pilares sobre os quais se erguerá a *estética*.[3]

Todavia, desde o final do século XIX e durante o século XX, modificou-se a relação entre arte e técnica, ou seja, a distinção e separação entre o belo e o útil.

Por um lado, o estatuto da técnica modificou-se quando esta se tornou resultado de conhecimentos científicos, tornando-se tecnologia, portanto uma forma de conhecimento – e não uma simples ação fabricadora de acordo com regras e receitas. Por outro lado, as artes passaram a ser concebidas menos como criação genial misteriosa e mais como *expressão criadora*, isto é, como transfiguração do mundo em obra artística ou *trabalho da expressão*, e os artistas não ocultam suas relações com as técnicas ao buscar respostas e soluções para problemas artísticos.

Ao se tomar as artes como expressão criadora e como trabalho expressivo, isso não significa que foi abandonado o vínculo com a ideia de beleza, e sim que esta foi subordinada a um outro valor: a verdade. A obra de arte busca caminhos de acesso ao real e de expressão da verdade. Exprimir significa *interpretar*, ou seja, encontrar ou revelar o *sentido* das coisas e do mundo. A pintura deseja revelar o

---

3 É extraordinária a destruição do sentido originário das palavras na forma atual da sociedade. Uma vez que "estética" significa beleza e juízo de gosto, vemos a transposição dessas ideias em portais de atividades comerciais: o local em que se cortam e penteiam cabelos, faz-se a manicure, o pedicuro e depilações variadas tem em sua fachada a palavra "estética", às vezes especificada, como em "estética facial". Há, na cidade de São Paulo, oficinas mecânicas para automóveis que especificam sua função com a expressão "estética automotiva".

que é a visibilidade, interpretando o mundo visível; a música, o que é a sonoridade, interpretando o mundo sonoro; a dança, o que é a mobilidade corporal, interpretando o mundo do movimento; a literatura, o que é a palavra, interpretando o mundo da linguagem; a escultura, o que é materialidade dotada de forma, interpretando o mundo da matéria e da forma. Para fazê-lo, recorrem às técnicas e aos instrumentos técnicos, como, aliás, sempre fizeram, apesar da imagem do gênio criador inspirado, que tiraria de dentro de si a obra.

Três manifestações artísticas contemporâneas podem ilustrar o modo como arte e técnica se encontram e se comunicam: a fotografia, o cinema e o design.

Fotografia e cinema surgem, inicialmente, como técnicas de reprodução da realidade. Pouco a pouco, porém, tornam-se interpretações da realidade e, com isso, surgem como artes da expressão. O design, por sua vez, introduz as artes plásticas (pintura, escultura, arquitetura) no desenho e na produção de instrumentos técnicos (usados na indústria, nos laboratórios científicos, nos hospitais, em consultórios médicos e dentários etc.) e de utensílios cotidianos (indo desde automóveis e aviões até máquinas domésticas ou eletrodomésticos, mobiliário, luminárias, talheres, copos, pratos, xícaras, lápis, canetas, tecidos para móveis e cortinas, joias e bijuterias, vestuários, calçados etc.). Essa relação se apresenta com vigor e clareza com o surgimento da Bauhaus, a nova arquitetura proposta por Gropius e que, no Brasil, definiu a chamada arquitetura modernista (da qual o Masp, em São Paulo, é uma das expressões mais conhecidas).

Desde os anos 1920-1930, as fronteiras entre arte e técnica tornam-se cada vez mais tênues. Com efeito, a relação entre arte e técnica não é casual, mas necessária: é preciso uma película tecnicamente perfeita para a foto artística e para o cinema de arte; é preciso um material tecnicamente perfeito para que um disco possa reproduzir um concerto; são necessários equipamentos técnicos de alta qualidade e precisão para produzir fotos, filmes, discos, CDs, vídeos, cenários e iluminação teatrais. A técnica de fabricação dos instrumentos musicais e a invenção de aparelhos eletrônicos para música; as possibilidades técnicas de novas tintas e cores, graças aos materiais sintéticos, modificando a pintura; as possibilidades técnicas de novos materiais de construção, modificando a arquitetura; o surgimento de novos materiais sintéticos, modificando a escultura, são alguns exemplos da relação interna entre atividade artística e invenção técnico-tecnológica, que havíamos mencionado quando nos referimos à Renascença.

Essa relação tornou-se tão estreita que a distinção entre arte erudita e arte popular se baseia na presença da tecnologia de ponta na primeira e na ausência dessa tecnologia na segunda – ou seja, a arte popular é artesanal; a erudita, tecnológica. Também confirma a grande proximidade entre artes e tecnologia o fato de que muitos artistas chegam a apresentar como obra de arte uma interpretação dos próprios objetos e instrumentos técnicos. Não menos significativo é o fato de algumas técnicas, que serviam de instrumentos para as artes, terem se tornado, elas próprias, formas de arte, como foi o caso das chamadas artes gráficas, nascidas das técnicas de imprensa para a reprodução de obras de arte. Os objetos produzidos a partir do design indicam que foram concebidos com a preocupação de que, além de úteis, também sejam belos.

No entanto, é possível distinguir entre esses objetos técnicos e as obras de arte. A diferença entre a obra de arte e os objetos técnicos (mesmo quando inspirados pelas artes) está em suas finalidades: a obra de arte é *expressiva*; o objeto técnico, ainda que belo, é *funcional*.[4] Em outras palavras, no caso dos objetos técnicos nascidos do design, os materiais e as formas estão subordinados à *função* que devem preencher (uma cadeira deve ser confortável para sentar; uma caneta, adequada para escrever; um automóvel, adequado para a locomoção; uma geladeira, adequada para a conservação dos alimentos; uma luminária, adequada para a distribuição ou concentração de luz etc.). Da obra de arte, porém, não se espera nem se exige funcionalidade, havendo nela plena liberdade para lidar com formas e materiais, cores e movimentos, sons e gestos, silêncios e palavras dos quais se espera que exprimam significações e verdades, e cuja beleza decorre justamente de seu poder expressivo.

Alberto Caeiro, um dos heterônimos de Fernando Pessoa, leva-nos ao âmago da arte quando escreve:

---

4 Tomo aqui a liberdade de sugerir a leitura de um ensaio sobre Merleau-Ponty e as artes como expressão, "Obra de arte e filosofia", que se encontra no meu livro *Experiência do pensamento*, publicado pela editora Martins Fontes.

O meu olhar é nítido como um girassol.
Tenho o costume de andar pelas estradas
Olhando para a direita e para a esquerda,
E de vez em quando olhando para trás...
E o que vejo a cada momento
É aquilo que nunca antes eu tinha visto,
E eu sei dar por isso muito bem...
Sei ter o pasmo essencial
Que tem uma criança se, ao nascer,
Reparasse que nascera deveras...
Sinto-me nascido a cada momento
Para a eterna novidade do Mundo...[5]

Que mundo é trazido pelo artista? Aquele eternamente novo. Eternamente, porque tão antigo e perene quanto a percepção humana. Novo, porque o artista o percebe como nunca fora percebido antes pelos demais.

A *eterna novidade* do mundo. Merleau-Ponty escreve que a arte é *advento* – um vir-a-ser do que nunca antes existiu –, como promessa infinita de *acontecimentos* – as obras dos artistas. No ensaio "A linguagem indireta e as vozes do silêncio", ele escreve:

5 Caeiro, Alberto. "O guardador de rebanhos". In: Pessoa, Fernando. *Poemas de Alberto Caeiro*. Nota explicativa e notas de João Gaspar Simões e Luiz de Montalvor. Lisboa: Ática, 1946 (10. ed., 1993). Disponível em: http://arquivopessoa.net/textos/1463. Acesso em: 8 abr. 2025.

> E o primeiro desenho nas paredes das cavernas somente fundava uma tradição porque retinha outra: a da percepção. A quase eternidade da arte se confunde com a quase eternidade da existência encarnada, e temos no exercício de nosso corpo e de nossos sentidos, na medida em que nos inserem no mundo, os meios de compreender nossa gesticulação cultural na medida em que esta nos insere na história.[6]

O artista é aquele que recolhe de maneira nova e inusitada aquilo que está na percepção de todos e que, no entanto, ninguém parece perceber. Ao fazê-lo, nos dá o sentimento da quase eternidade da obra de arte, pois ela é a expressão perene da capacidade perceptiva de nosso corpo.

Foi assim, por exemplo, que Monet pintou várias vezes a *mesma* catedral medieval que perdura há muitos séculos, mas, em cada tela, nasceu uma *nova* catedral. Referindo-se a essas telas, Gaston Bachelard escreve, num ensaio denominado "O pintor solicitado pelos elementos":

> Um dia, Claude Monet quis que a catedral fosse verdadeiramente aérea – aérea em sua substância, aérea no próprio coração de suas pedras. E a catedral tomou da bruma azulada toda a matéria azul que a própria bruma tomara do céu azul. [...]

---

6 Merleau-Ponty, Maurice. "A linguagem indireta e as vozes do silêncio". In: ______. *O olho e o espírito*. Tradução de Paulo Neves e Maria Ermantina Galvão Gomes Pereira. São Paulo: Cosac Naify, 2013. p. 102. (Coleção Cosac Naify Portátil).

> Num outro dia, outro sonho elementar se apodera da vontade de pintar. Claude Monet quer que a catedral se torne uma esponja de luz, que absorva em todas as suas fileiras de pedras e em todos os seus ornamentos o ocre de um sol poente. Então, nessa nova tela, a catedral é um astro doce, um astro ruivo, um ser adormecido no calor do dia. As torres brincavam mais alto no céu, quando recebiam o elemento aéreo. Ei-las agora mais perto da terra, mais terrestres, ardendo apenas um pouco, como fogo guardado nas pedras de uma lareira.[7]

O artista busca o mundo em estado nascente, imaginando-o não só tal como seria ao ser visto por nós pela primeira vez, mas também tal como teria sido em si mesmo no momento originário de seu surgimento, antes que existíssemos para percebê-lo.

A obra de arte nos dá a ver o que sempre vimos sem ver, a ouvir o que sempre ouvimos sem ouvir, a sentir o que sempre sentimos sem sentir, a pensar o que sempre pensamos sem pensar, a dizer o que sempre dissemos sem dizer. Por isso, nela e por ela, a realidade se revela como se jamais a tivéssemos visto, ouvido, dito, sentido ou pensado. Eis por que o artista é o que passa pela experiência de nascer todo dia para a "eterna novidade do mundo".

---

7 Bachelard, Gaston. "O pintor solicitado pelos elementos". In: ______. *O direito de sonhar*. Tradução de José Amérito Motta Pessanha, Jacqueline Raas, Maria Lúcia de Carvalho Monteiro, Maria Isabel Raposo. São Paulo: DIFEL, 1986. p. 28-29.

O que é essa experiência? A invenção de mundos ou a recriação do mundo. Como escreve Ferreira Gullar em "Sobre arte":

> A arte é muitas coisas. Uma das coisas que a arte é, parece, é uma transformação simbólica do mundo. Que dizer: o artista cria um mundo outro – mais bonito ou mais intenso ou mais significativo ou mais ordenado – por cima da realidade imediata.[8]

Eis que essa transformação simbólica, ou a expressividade como ação da arte, nos atinge, por exemplo, com o poema de Jorge de Lima, "Poema do nadador":[9]

> A água é falsa, a água é boa.
> Nada, nadador!
> A água é mansa, a água é doida,
> aqui é fria, ali é morna,
> a água é fêmea.
> Nada, nadador!
> A água sobe, a água desce,
> a água é mansa, a água é doida.
> Nada, nadador!
> A água te lambe, a água te abraça,

---

8 Gullar, Ferreira apud Nicola, José de. *Literatura brasileira*: das origens aos nossos dias. 11. ed. São Paulo: Scipione, 1995. p. 8.

9 Lima, Jorge de. "Poema do nadador". In: ______. *Antologia poética*. Seleção e posfácio de Fábio de Souza Andrade. São Paulo: Cosac Naify/Jatobá, 2014. p. 100.

a água te leva, a água te mata.
Nada, nadador!
Se não, que restará de ti, nadador?
Nada, nadador.

Rigorosamente, não há *nada* nesse poema que desconheçamos. Nenhuma das palavras empregadas pelo poeta nos é desconhecida. E, no entanto, tudo aí é inteiramente novo. O poema diz o que, antes dele, jamais havia sido dito e que, sem ele, nunca seria dito, arrancando do silêncio a pluralidade de sentidos da palavra "nada". O *nada* é o imperativo do verbo nadar – "Nada, nadador!" –, mas é também o pronome indefinido negativo – "Nada, nadador". O ponto de exclamação em "Nada, nadador!" volta-se para o significado verbal de *nada*; a ausência do ponto de exclamação em "Nada, nadador", para o uso pronominal de *nada*. Da mesma maneira, "nadador" se refere àquele que realiza a ação de nadar, mas também como essa ação se realiza: na dor. A dor de quem nada é o que resta ao *nada-dor*, impedindo-o de transformar-se, ele também, em puro nada. Ao jogar com a duplicidade de sentido de *nada*, e com a composição da palavra *nadador*, o poeta transfigura a linguagem cotidiana para fazê-la dizer algo novo. Esse algo é o próprio poema como reinvenção da linguagem como pura expressividade.

O que há de espantoso nas artes é que desvendam ou descobrem o mundo ao recriá-lo de outra maneira e em outra dimensão. Justamente porque o recriam com palavras, sons, traços, cores, gestos, movimentos, formas, massas, volumes, a realidade criada não está *aquém* e nem *além* da obra, assim como não *está* na obra, mas *é* a própria obra de arte.

Talvez a melhor comprovação disso esteja na música e na dança.

Feita de sons, a música será destruída se tentarmos ouvir cada um deles separadamente ou reproduzi-los como no toque de um corpo de cristal ou de metal. Pela harmonia, pela proporção, pela combinação de sons, pelo ritmo e pela percussão, a música cria um *mundo sonoro* que só existe por ela, nela e que é ela própria. Ela recolhe a sonoridade do mundo e de nossa percepção auditiva, mas reinventa o som e a audição como se estes jamais houvessem existido.

Feita de movimentos, gestos e ritmos, a dança será destruída se tentarmos isolá-los ou reuni-los mecanicamente como em bonecos. Ela só existe na movimentação e na gesticulação ritmadas do dançarino e da dançarina que recriam o corpo humano assim como recriam o movimento e o ritmo do próprio mundo cujo sentido e cuja realidade não são senão o ato de dançar.

Nada melhor para sintetizar o percurso que fizemos até aqui do que um texto, hoje clássico, escrito por Walter Benjamin em 1935, intitulado "A obra de arte na era de sua reprodutibilidade técnica".

Nele, Benjamin acompanha o movimento histórico e social no qual as artes passam do campo religioso ao de sua autonomia, ou ao campo artístico propriamente dito, e distingue o momento religioso e o momento autônomo das artes falando de seu valor como "valor de culto" e "valor de exposição". Para realizar sua análise, Benjamin introduz o conceito de *aura.*

A aura, explica Benjamin, é a absoluta singularidade de um ser – natural ou artístico –, sua condição de exemplar único que se oferece num aqui e agora irrepetível, sua qualidade de eternidade e fugacidade simultâneas, seu pertencimento necessário ao contexto em que se encontra e sua participação numa tradição que lhe dá sentido. A obra de arte possui aura ou aurática quando é única, una, irrepetível, duradoura *e* efêmera, nova *e* participante de uma tradição, capaz de tornar distante o que está perto e estranho o que parecia familiar porque transfigura a realidade.

Porque as artes nasceram com a finalidade de sacralizar e divinizar o mundo – tornando-o distante e transcendente – e, ao mesmo tempo, presentificar os deuses aos homens – tornando o divino próximo e imanente –, sua origem religiosa transmitiu às obras de arte a qualidade aurática mesmo quando deixaram de ser parte da religião para se tornarem autônomas e belas-artes.

Continua Benjamin:

> A forma mais originária de inserção da obra de arte no contexto da tradição se exprimia no culto. As mais antigas obras de arte, como sabemos, surgiram a serviço de um ritual, inicialmente mágico, e depois religioso. O que é de importância decisiva é que esse modo de ser aurático da obra de arte nunca se destaca completamente de sua função ritual. Em outras palavras: o valor único da obra de arte "autêntica" tem sempre um fundamento teológico, por mais mediatizado que seja: ele

pode ser reconhecido, como ritual secularizado, mesmo nas formas mais profanas do culto do belo. Essas formas profanas do culto do belo, surgidas na Renascença e vigentes durante três séculos, deixaram manifesto esse fundamento quando sofreram seu primeiro abalo grave.[10]

O culto do belo, ao substituir o culto dos deuses, conservou o caráter aurático da obra de arte: ao passar do campo religioso ao estético, a obra de arte conservou a aura. É preciso, então, explicar como, em nossos dias, a aura foi perdida ou destruída. Benjamin esclarece:

> [...] é fácil identificar os fatores sociais específicos que condicionam o declínio atual da aura. Ele deriva de duas circunstâncias, estreitamente ligadas à crescente difusão e intensidade dos movimentos de massas. Fazer as coisas "ficarem mais próximas" é uma preocupação tão apaixonada das massas modernas como sua tendência a superar o caráter único de todos os fatos através da sua reprodutibilidade. Cada dia fica mais irresistível a necessidade de possuir o objeto, tão perto quanto possível, na imagem, ou antes, na sua cópia, na sua reprodução. E é inequívoco como se diferencia a reprodução, como ela nos é oferecida pelas revistas ilustradas e pelas atualidades cinematográficas, e a imagem. Nesta, a unidade e a durabilidade se associam tão intimamente como, na reprodução,

---

10 Benjamin, Walter. "A obra de arte na era da reprodutibilidade técnica". In: ______. *Obras escolhidas*: magia e técnica, arte e política. Tradução de Sérgio Paulo Rouanet. 8. ed. revista. São Paulo: Brasiliense, 2012. v. I. p. 185.

a transitoriedade e a repetibilidade. *Retirar o objeto do seu invólucro, destruir sua aura, é a característica de um tipo de percepção cuja capacidade de captar "o semelhante no mundo"* (Johannes V. Jensen) *é tão aguda que graças à reprodução ela consegue captá-lo até no fenômeno único.*[11]

Evidentemente, diz Benjamin, a arte sempre foi reprodutível, bastando ver discípulos imitando os mestres. A questão, portanto, não está no fato da reprodução, e sim na nova modalidade de reproduzir: a reprodução técnica, que permite a existência do objeto artístico em série e que, em certos casos, torna impossível distinguir original e cópia.

A destruição da aura está prefigurada na própria essência da obra de arte como algo possível porque ela possui dois valores: o de culto e o de exposição, e este último suscita a reprodutibilidade quando as condições sócio-históricas a exigirem e a possibilitarem.

Conclui Benjamin:

> A exponibilidade de uma obra de arte cresceu em uma escala tão descomunal, com os vários métodos de sua reprodutibilidade técnica, que a mudança de ênfase de um polo para outro corresponde a uma mudança qualitativa comparável à que ocorreu na pré-história.
>
> Com efeito, assim como na pré-história a preponderância absoluta do valor de culto conferido à obra levou-a a ser concebida em primeiro lugar como instrumento mágico, e

---

11 Ibidem, p. 184.

só mais tarde como obra de arte, do mesmo modo a preponderância absoluta conferida hoje a seu valor de exposição atribui-lhe funções inteiramente novas, entre as quais a "artística", a única de que temos consciência, e que talvez se revele futuramente como secundária.[12]

---

12 Ibidem, p. 187.

3

NATUREZA, CULTURA, PATRIMÔNIO AMBIENTAL[1]

A distinção entre natureza e cultura é recente, pois, tal como a conhecemos, data do século XVIII. No entanto, a distinção entre natureza e ação humana (ética, política, história, técnica) é antiga, tendo sido tematizada de várias maneiras pela filosofia, desde suas origens. Aqui, queremos mencionar três aspectos que tornam essa oposição desprovida de sentido no mundo contemporâneo: a atual concepção científica da natureza; a natureza tomada como patrimônio ambiental nacional; e a natureza como mercadoria.

I.

Se partirmos da ideia de natureza, constataremos que esta se desdobra em vários sentidos. Tomada individualmente,

---

1 Texto inédito.

ela é a *substância* (matéria e forma) dos seres, princípio de vida ou princípio ativo que anima e movimenta um ser (donde a existência de expressões como "deixar agir a natureza" ou "seguir a natureza" para significar que se trata de uma força espontânea, capaz de gerar e de cuidar de todos os seres por ela criados e animados); e, como núcleo definidor de um ente, é a *essência* ou aquilo que constitui necessária e universalmente alguma coisa, determinando o conjunto de qualidades, propriedades e atributos que a fazem existir e agir tal como existe e age. Tomada como realidade físico-química e biológica, ou como *a* natureza, ela é a *organização* universal e necessária dos seres segundo uma ordem regida por leis inalteráveis. Nesse sentido, caracteriza-se pelo ordenamento dos seres, pela regularidade dos fenômenos ou dos fatos, pela frequência, constância e repetição de encadeamentos fixos entre as coisas, isto é, pelas relações de causalidade entre elas. Em outros termos, a natureza é a ordem e a conexão universal e necessária entre as coisas, expressas em leis naturais.

Nesses três significados, um traço é comum: considera-se natural tudo o que existe no universo *sem a intervenção da vontade e da ação humanas*. Sob esse aspecto, natureza, de um lado, distingue-se do que é efeito de deliberação e decisão humanas e, de outro, opõe-se ao artificial, ou seja, aos objetos técnicos e tecnológicos produzidos pelo trabalho. Essa distinção será crucial para o surgimento da distinção entre ela e a cultura, uma vez que esta será pensada exatamente como tudo quanto depende da vontade e da ação humanas. Em outras palavras, a natureza é o conjunto de tudo quanto existe sem os humanos e é percebido por eles como o meio e o ambiente no qual vivem, significando tanto o conjunto das condições físicas onde vivemos como aquelas coisas que contemplamos com emoção (a paisagem, o mar, o céu, as estrelas, terremotos, eclipses, tufões, erupções vulcânicas). Ela é o mundo visível como meio ambiente externo, mesmo que nos afete interiormente e mesmo que, por nosso corpo, sejamos, como os animais, também e necessariamente seres naturais e tenhamos um determinado psiquismo (o que se costuma denominar com o termo temperamento ou, na linguagem cotidiana, "a natureza de alguém").

Todavia, convém não nos esquecermos de algo fundamental. De fato, para as ciências contemporâneas, a natureza não é apenas a realidade externa, dada e observada, percebida diretamente por nós, mas um objeto de conhecimento construído pelas operações científicas, um *campo objetivo* produzido pela atividade do conhecimento, com o auxílio de instrumentos tecnológicos. Nesse sentido, a natureza, paradoxalmente, torna-se algo que passa a depender da interferência ou da intervenção humana, pois, como *objeto científico,* a coisa natural não é simplesmente constatada, mas é *construída* cientificamente. Esse aspecto é de grande relevância porque, com ele, perde nitidez a distinção entre natural e artificial (ou técnico) e entre natural e humanamente voluntário, distinção que, um dia, foi decisiva para separar natureza e cultura. Sob o prisma da ciência contemporânea, a natureza torna-se uma noção ou um conceito produzido pelos próprios homens e, nesse caso, uma construção humana. Em outras palavras, a própria ideia de natureza tornou-se um objeto cultural.

II.

Se, agora, nos voltarmos para a cultura, observaremos que dois são seus significados iniciais.

Vinda do verbo latino *colere*, que significa cultivar, criar, tomar conta e cuidar, cultura significava o cuidado do homem com a natureza. Donde: agricultura. Significava, também, cuidado dos homens com os deuses. Donde: culto. Significava, ainda, o cuidado com a alma e o corpo das crianças, com sua educação e formação. Donde: puericultura. A cultura era o cultivo ou a educação do espírito das crianças para tornarem-se membros excelentes ou virtuosos da sociedade pelo aperfeiçoamento e refinamento de suas qualidades naturais (caráter, índole, temperamento). A cultura era, assim, a intervenção deliberada e voluntária dos humanos sobre a natureza de alguém para torná-la conforme aos valores de sua sociedade. Sob essa perspectiva, a cultura era a moral (o sistema de *mores* ou de costumes de uma sociedade), a ética (a forma correta da conduta de alguém graças à modelagem de seu *ethos* natural ou temperamento por meio da educação) e a política (o conjunto de instituições humanas relativas ao poder e à arbitragem de conflitos pela lei).

Eis por que, na Antiguidade, surgiram duas narrativas míticas encarregadas de explicar como os humanos passaram do estado natural ao estado propriamente humano: numa delas, a passagem se dá quando os humanos abandonam a animalidade graças ao conhecimento do fogo e de seu manejo, quando passam a cozer os alimentos, a construir lugares em que o fogo fosse conservado, ou seja, os lares, e iniciam a forja de metais; numa outra, a passagem é narrada com a invenção da linguagem, quando os humanos abandonam a animalidade graças à descoberta da palavra como expressão do pensamento. No primeiro mito, a passagem do natural ao cultural é atribuída ao trabalho; no segundo, à sociabilidade comunicativa.

A partir do século XVIII, cultura, porém, ganha um novo sentido, passando a significar os *resultados* daquela formação ou educação dos seres humanos, de seu trabalho e de sua sociabilidade, resultados expressos em obras, feitos, ações e instituições: as artes, as ciências, a filosofia, os ofícios, a religião e o Estado. Na medida em que o pensamento da Ilustração conserva a ideia de que a cultura é advento do estado social e da vida política, isto é, da *vita civile*, cultura torna-se sinônimo de *civilização*, como expressão dos costumes e das instituições enquanto efeitos da formação e educação dos indivíduos, do trabalho e da sociabilidade.

Em seu sentido antigo, a cultura era o aprimoramento da natureza humana por meio da educação entendida em sentido amplo, ou seja, como formação das crianças pela sua iniciação à vida da coletividade por meio do aprendizado da música, dança, ginástica, arte da guerra, gramática, poesia, oratória, lógica, história, filosofia etc. Culta era a pessoa moralmente virtuosa, politicamente consciente e participante, intelectualmente desenvolvida pelo conhecimento das ciências, das artes e da filosofia, de sorte que a divisão social das classes era sobredeterminada pela distinção entre cultos (os senhores) e incultos (escravos, servos e homens livres pobres) e a distinção entre os povos se fazia pela designação do outro como bárbaro, isto é, o estrangeiro selvagem, inculto.

Podemos observar que, neste primeiro sentido, cultura e natureza não se opõem. Os humanos são considerados seres naturais, embora diferentes dos animais e das plantas. Sua natureza, porém, não pode ser deixada por conta própria, porque tenderá a ser agressiva, destrutiva, ignorante, precisando por isso ser educada, formada, cultivada de acordo com os ideais de sua sociedade. Assim como a agricultura retira da terra os melhores frutos e o adestramento dos animais os torna mais proveitosos aos humanos, assim também um ser humano alcança sua verdadeira humanidade pelo cultivo de seu corpo e de seu espírito. A cultura é uma *segunda natureza*, que a educação e os costumes acrescentam à primeira natureza, isto é, uma natureza *adquirida*, que melhora, aperfeiçoa e desenvolve a natureza *inata* de cada um.

No segundo sentido – naquele formulado a partir do século XVIII como civilização –, tem início a separação e, posteriormente, a oposição entre natureza e cultura. Os pensadores consideram, sobretudo a partir de Kant, que há entre o homem e a natureza uma diferença essencial: esta opera mecanicamente de acordo com leis necessárias de causa e efeito, mas aquele é dotado de liberdade e razão, agindo por escolha, de acordo com valores e fins. A natureza é o reino da necessidade causal, do determinismo.[2] A humanidade ou cultura é o reino da finalidade livre, das escolhas voluntárias e racionais, dos valores, da distinção entre bem e mal, verdadeiro e falso, justo e injusto, sagrado e profano, belo e feio. Se a natureza é o reino da necessidade, a cultura é o reino da vontade, da finalidade e da liberdade tais como se exprimem na ética, na política, nas artes, nas ciências e na filosofia.

À medida que esse segundo sentido foi prevalecendo, cultura passou a significar, em primeiro lugar, as obras humanas que se exprimem numa civilização, mas, em segundo lugar, passou a significar a relação que os humanos, socialmente organizados, estabelecem com o tempo e com o espaço, com os outros humanos e com a natureza, relações que se transformam e variam em condições temporais e sociais determinadas. Agora, cultura torna-se sinônimo de *história*. A natureza é o reino da *repetição*; a cultura, o da *transformação racional*; portanto, é a relação dos humanos com o tempo e no tempo.

Entendida como civilização, a cultura passa a significar o aprimoramento e o aperfeiçoamento da humanidade. Entendida como história, introduz a ideia de progresso. Sob essa perspectiva, a Ilustração retoma a distinção antiga entre

---

2 Desde Aristóteles, consagrou-se a distinção entre o necessário, o possível e o contingente. Necessário é o que é determinado por leis causais e jamais deixa de ser assim determinado; possível é o que a liberdade da vontade humana pode fazer ser ou deixar de ser, acontecer ou deixar de acontecer. Contingente é o acaso. O necessário e o contingente não dependem de nós; o possível depende inteiramente de nós.

cultos e bárbaros e define graus e estágios de civilização para classificar as culturas em atrasadas e avançadas, classificação que terá um peso ideológico decisivo no momento em que, ao surgir, a antropologia social, sob o signo do etnocentrismo e do colonialismo, distinguir as culturas em primitivas e modernas.

III.

Foram Hegel e, depois dele, Marx que enfatizaram a cultura como história. Para o primeiro, o tempo é o modo como o Espírito ou a Razão se manifesta e se desenvolve através das obras e instituições – trabalho, religião, artes, ciências, filosofia, instituições sociais, instituições políticas. A cada período de sua temporalidade, o Espírito ou Razão engendra uma cultura determinada, que exprime o estágio de desenvolvimento espiritual ou racional da humanidade numa sequência de civilizações que se iniciam no Oriente e terminam no Ocidente – China, Índia, Egito, Israel, Grécia, Roma, Inglaterra, França, Alemanha seriam fases da vida do Espírito ou da Razão, cada qual se exprimindo com uma cultura própria e ultrapassada pelas seguintes, num progresso contínuo.

Para Marx, o espiritualismo ou idealismo hegeliano é, evidentemente, inaceitável. A história-cultura não é o desenvolvimento da vida do Espírito, mas o modo como, em condições determinadas e não escolhidas por eles, os humanos produzem materialmente (pela divisão social do trabalho e pela organização econômica) sua existência e dão sentido a essa produção material. A história-cultura não narra o movimento temporal do Espírito, mas as lutas reais de seres humanos reais que produzem e reproduzem suas condições materiais de existência, isto é, produzem e reproduzem as *relações sociais*, pelas quais se distinguem da natureza e se diferenciam uns dos outros em classes sociais antagônicas. Sob esse prisma, o movimento da história-cultura é realizado pela luta das classes sociais para vencer formas de exploração econômica, opressão social e dominação política. Despotismo asiático, modo de produção antigo (Grécia, Roma), modo de produção feudal (Idade Média), capitalismo comercial ou mercantil (século XV a XVII), capitalismo industrial (século XVIII em diante) são as maneiras pelas quais surgem e se organizam as formações sociais, internamente divididas por lutas, cujo fim dependerá da capacidade de organização política e de consciência da última classe social explorada (o proletariado, produzido pelo capitalismo industrial) para eliminar a desigualdade e a injustiça históricas.

Apesar da diferença entre o idealismo de Hegel e o materialismo de Marx, há um aspecto que lhes é comum no que diz respeito à relação e à distinção entre natureza e cultura: para ambos, a emergência da cultura se dá com o surgimento do trabalho.[3] De fato, pelo trabalho, os humanos não transformam simplesmente a natureza, mas a humanizam,

---

3 Em Hegel, esse surgimento se dá com a passagem do que denomina a dialética da vida à dialética do senhor e do escravo.

pois um produto do trabalho exprime a subjetividade do produtor, que nega a naturalidade do objeto ao imprimir-lhe sua vontade, seu desejo e seus fins. Uma mesa de madeira é uma não árvore, uma estátua de mármore é uma não pedra, um manto de linho é uma não planta. A humanização ou subjetivização da natureza pelo trabalho indica, portanto, que a cultura é uma negação determinada da natureza enquanto mera natureza. Com o trabalho, a cultura surge como desnaturalização da natureza.

Sob esse aspecto, podemos dizer que Hegel e Marx retomam a ideia fundadora da modernidade e que se encontra explicitada pela primeira vez na obra de Francis Bacon, no século XVII. No primeiro aforisma do *Novum Organum*, Francis Bacon introduz a figura do homem como "ministro e intérprete da natureza". Ao mesmo tempo, afirma que o homem opera e compreende exatamente tanto e tão longe quanto vá na observação das coisas naturais, não podendo saber mais nem ir mais longe do que isso. No quarto aforisma, declara que a operação humana é a de retirar ou juntar, porque o restante a natureza faz sozinha. Ao homem cabe o trabalho e um trabalho particular: restaurar o Jardim do Paraíso, reconstituindo a obra da criação por meio das ciências e das artes. A natureza, diz Bacon, é movimento. Isso significa que possui em si mesma a força para criar e mudar as coisas, ou melhor, as *formas* das coisas, a essência e a estrutura secreta delas. Calor interno, a natureza é vida, fecunda e feminina, como indica seu nome *natura*, de *nasco* e *nascor*, nascer e ser nascido. Age de dentro de si mesma e a partir de si mesma.

Ela existe em três estados diferentes: em liberdade – quando engendra as espécies –, na errância – quando engendra monstros – e jugulada – quando, submetida pela arte e pelo ministério humanos, produz as coisas artificiais. Fêmea, a natureza pede um macho, um agente que dirija seu movimento ou que também a ponha em movimento: é essa a operação do homem e da arte (técnica), agindo para que a natureza faça nascer, de seu interior, sua prole. Se a arte (isto é, a técnica) não é, como supunham os antigos, imitação da natureza, e sim é "o homem acrescentado à natureza", é porque as coisas naturais e artificiais não diferem pela *forma*, "mas somente quanto à causa eficiente", de sorte que o homem tem poder sobre a natureza quando pode agir sobre sua causalidade. O terceiro aforismo do *Novum Organum* afirma que "saber é poder", mas acrescenta uma condição fundamental para isso: "não se vence a natureza senão quando se lhe obedece". Obedecer a ela é conhecer-lhe as formas e o movimento. Vencê-la é alterar-lhe o movimento para alterar-lhe as formas. A natureza, escreve Bacon, oferece seus segredos não tanto quando se encontra em liberdade, mas preferencialmente quando é *constricta et vexata*, isto é, atormentada pelo homem, que a arranca de seu estado natural para modelá-la.

Na perspectiva de Marx, a oposição entre natureza e cultura tende a desfazer-se, sobretudo a partir do modo de produção capitalista no qual tudo (coisas e humanos) é reduzido à condição de mercadoria. Sob o reino da mercadoria, a natureza se torna o conjunto, supostamente inesgotável, de matérias-primas para a ação econômica e já não há sentido em supor que o natural e o cultural se distingam, pois o natural tornou-se mercadoria, efeito da apropriação e da exploração humana da natureza.

Estamos, assim, diante de dois resultados históricos que tendem a apagar a distinção entre natureza e cultura: de um lado, como observamos anteriormente, para a ciência contemporânea, a natureza é uma construção intelectual; de outro, para o marxismo, a natureza se tornou uma mercadoria como outra qualquer. O fato de que paguemos por água ou para habitar num lugar em que o ar não esteja poluído, assim como a existência da indústria do turismo (que vende emoções para quem deseja fruir de paisagens), tudo isso são pequeninos sinais de que a natureza, como realidade externa e independente dos homens, tornou-se ficção. E, como veremos adiante, a expressão "patrimônio ambiental" indica claramente que "a natureza" tornou-se um fato cultural.

IV.

A questão que ocupou a antropologia social em seu nascimento foi a de determinar em que momento e de que maneira os humanos se afirmam como diferentes da natureza, dando origem ao mundo cultural. Tradicionalmente, como vimos, a filosofia antiga afirmara que os humanos diferem da natureza graças à linguagem e à ação racional voluntária livre. O antropólogo, sem negar essa afirmação, procurou algo mais profundo para marcar o início da cultura. Assim, desde Lévi-Strauss, considera-se que a diferença homem-natureza se inicia quando os humanos decretam uma lei que não poderá ser transgredida sem levar o culpado à morte, exigida pela comunidade: a lei da proibição do incesto (ou a determinação de mulheres proibidas a determinados homens), desconhecida pelos animais. Também, desde Lévi-Strauss, a diferença homem-natureza é estabelecida quando os humanos definem uma lei que, se transgredida, causa a ruína da comunidade e do indivíduo: a lei que separa o cru e o cozido, desconhecida dos animais. Observa-se que Lévi-Strauss toma dois mitos – o de Édipo, incestuoso, e o de Prometeu, que dá fogo aos homens – para explicar a passagem da natureza à cultura.

É possível perceber que antropologia social busca algo que marque o momento da separação humano-natural como o instante de surgimento da cultura. Esse algo é uma regra ou norma humana que opera como *lei* universal, isto é, válida para todos os humanos e para toda a comunidade. Em outras palavras, assim como a natureza é o reino necessário da lei universal da causalidade, a cultura somente terá sentido universal se puder contrapor à lei natural uma lei humana, pois uma lei significa a presença de uma norma e de uma regra que são experimentadas como universais e necessárias.

Isso significa que, paradoxalmente, a antropologia social não vai em busca, à maneira da filosofia, desde Antiguidade até a Ilustração e o Idealismo Alemão, do instante em que natureza e cultura se opõem graças à oposição entre necessidade e vontade ou entre necessidade e liberdade, mas procura como instante de emergência da cultura a presença de algo que possui, para os humanos, o peso de uma necessidade universal equivalente à da natureza. Se a cultura não possuir necessidade e universalidade, não terá força para separar-se da natureza. A lei da proibição do incesto e a lei da proibição da ingestão de alimentos crus devem, portanto, ser consideradas universais e necessárias, ainda que sejam fruto de uma decisão humana cuja origem se encontra nos mitos.

A lei humana é um imperativo social que organiza toda a vida dos indivíduos e da comunidade, determinando o modo como são criados os costumes, como são transmitidos de geração em geração, como fundam as instituições sociais (família, religião, formas do trabalho, guerra e paz, distribuição das tarefas, formas do poder etc.). A lei não é uma simples proibição para certas coisas e obrigação para outras, mas é a afirmação de que os humanos são capazes de criar uma ordem de existência que não é simplesmente natural (física e biológica). Esta é a *ordem simbólica.*

Um símbolo, sabemos, é alguma coisa que se apresenta no lugar de outra e presentifica algo ausente. Dizer que a cultura é a invenção de uma ordem simbólica é dizer que nela e por ela os humanos atribuem à realidade significações novas por meio das quais são capazes de se relacionar com o ausente. A presentificação do ausente é obra da linguagem, do trabalho, do sentimento da diferença temporal (passado, presente, futuro) e, portanto, da percepção do possível e do impossível, e da diferenciação espacial (próximo, distante, grande, pequeno, alto, baixo). Graças a eles, os humanos instituem a diferença entre o permitido e o proibido, o visível e o invisível (os deuses, o passado, o distante no espaço), o sagrado e o profano, assim como valores atribuídos às coisas e aos humanos (bom, mau, justo, injusto, verdadeiro, falso, belo, feio).

Linguagem (palavras, gestos, sinais, escrita, monumentos), trabalho (humanização da natureza), relação com o tempo e o espaço enquanto valores, diferenciação entre sagrado e profano, determinação de regras e normas para a realização do desejo, percepção da morte e doação de sentido a ela, percepção da diferença sexual e doação de sentido a ela, interdições e punição das transgressões, determinação da origem e da forma do poder legítimo e ilegítimo, criação de formas expressivas para a relação com o outro, com o sagrado e com o tempo (instrumentos de trabalho, dança, música, rituais, guerra, paz, pintura, escultura, construção da habitação, culinária, tecelagem, vestuário etc.) são as principais manifestações do surgimento da cultura.

Em termos antropológicos, cultura se diz em três sentidos principais. Ela é:

1. a criação da ordem simbólica da *lei*, isto é, de sistemas de interdições e obrigações, estabelecidos a partir da atribuição de valores a coisas (boas, más, perigosas, sagradas, diabólicas), a humanos e às suas relações (diferença sexual e proibição do incesto, virgindade, fertilidade, puro-impuro, virilidade; diferença etária e forma de tratamento dos mais velhos e mais jovens; diferença de autoridade e formas de relação com o poder etc.) e aos acontecimentos (significado da guerra, da peste, da

fome, do nascimento e da morte, obrigação de enterrar os mortos, proibição de ver o parto etc.);

2. a criação de uma ordem simbólica da linguagem, do trabalho, do espaço, do tempo, do sagrado e do profano, do visível e do invisível. Os símbolos surgem tanto para representar como para interpretar a realidade, dando-lhe sentido graças à presença do humano no mundo;
3. o conjunto de práticas, comportamentos, ações e instituições pelas quais os humanos se relacionam entre si e com a natureza e dela se distinguem, agindo sobre ela ou através dela, modificando-a. Esse conjunto funda a organização social, sua transformação e sua transmissão de geração em geração.

Cultura é, pois, a maneira pela qual os humanos se humanizam e, pelo trabalho, desnaturalizam a natureza por meio de práticas que criam a existência social, econômica, política, religiosa, intelectual e artística. O trabalho, a religião, a culinária, o vestuário, o mobiliário, as formas de habitação, os hábitos à mesa, as cerimônias, o modo de relacionar-se com os mais velhos e os mais jovens, com os animais e com a terra, os utensílios, as técnicas, as instituições sociais (como a família) e políticas (como o Estado), os costumes diante da morte, a guerra, as ciências, a filosofia, as artes, os jogos, as festas, os tribunais, as relações amorosas, as diferenças sexuais e étnicas, tudo isso constitui a cultura como invenção da relação com o Outro, isto é, com a natureza, os deuses, os estrangeiros, as etnias, as classes sociais, os antepassados, os inimigos e os amigos.

V.

Mais recente do que a ideia de cultura é a de patrimônio cultural, pois surge somente com a invenção da ideia de Nação, no século XIX.

A ideia de patrimônio cultural ou histórico-cultural, como preferem alguns, costuma associar-se a três aspectos: 1) o conjunto de monumentos, documentos e objetos que constituem a memória coletiva; 2) as edificações cujo estilo desapareceu e cujos exemplares devem ser conservados a título de lembrança do passado da coletividade; 3) as instituições públicas encarregadas de zelar pelo que foi definido como patrimônio da coletividade: museus, bibliotecas, arquivos, centros de restauro e preservação de monumentos, documentos, edificações e objetos.

Em um ensaio sobre a origem dos objetos que constituem o patrimônio histórico-cultural chamado "Entre le visible et l'invisible" [Entre o visível e o invisível], Krzysztof Pomian observa que os primeiros objetos que iriam formar a ideia de patrimônio eram os *semióforos* (do grego *semeion,* sinal, e *phoros*, expor, carregar, brotar). Pessoas, lugares, objetos, animais, meteoros, constelações, acontecimentos, instituições, estandartes, pinturas em navios e em escudos, relíquias podem ser semióforos, pois um semióforo é alguma coisa ou algum acontecimento cujo valor não é medido por sua materialidade, e sim por sua força simbólica, por seu poder para estabelecer uma mediação entre o visível e o invisível, o sagrado e o profano, o presente e o passado, os vivos e os mortos, e destinado exclusivamente à visibilidade e à contemplação porque é nisso que realiza sua significação e sua existência. Um semióforo é algo único (por isso dotado de aura) e uma significação simbólica dotada de sentido para uma coletividade. Mediador entre o visível e o invisível, é dotado de valor sacral e político, mas não de valor de uso.

Os semióforos, explica Pomian, deram origem às coleções. Estas possuíam os seguintes traços distintivos: 1) um conjunto de objetos naturais ou de artefatos mantidos temporária ou definitivamente fora do circuito das atividades econômicas; 2) tais conjuntos são mantidos num local especial ou são cercados de ações especiais visando à sua proteção; 3) esses conjuntos de objetos têm como finalidade serem expostos ao olhar de um contemplador ou de um espectador; 4) os objetos assim protegidos são considerados dotados de valor especial, isto é, são considerados preciosos, embora estejam fora do circuito econômico – não possuem valor de uso e possuem valor de troca, mas fora do circuito econômico, ou seja, possuem valor de mercado; 5) tais objetos não possuem nenhuma função senão a de serem contemplados e de conferir prestígio a quem o possui.

Esse tipo de coleção esteve ligado, na Antiguidade, a algumas instituições específicas: o Museu (no sentido religioso do termo, isto é, local consagrado às Musas), no qual os objetos eram trazidos como oferendas, sacralizados, e mediadores entre os homens e os deuses ou entre o profano e o sagrado e postos para a contemplação de visitantes, crentes e peregrinos; os tesouros dos príncipes, em geral pedras preciosas e metais preciosos, os *regalia* exibidos nas cerimônias principescas, nas festas régias e nos cortejos fúnebres; os espólios de guerra e os dons das embaixadas, retirados do circuito econômico e guardados nos tesouros de reis e de comandantes militares, preservados e exibidos para círculos restritos como signos de prestígio; os tesouros dos templos, isto é, relíquias, objetos sagrados (vestes, armas, partes do corpo de um herói ou de um santo) e os objetos funerários, guardados por ordens sacerdotais e religiosas como signo de prestígio.

Todos os objetos naturais e todos os artefatos, todos os monumentos e documentos, todos os espólios e relíquias que se tornam semióforos pressupõem, de um lado, uma hierarquização dos objetos em que os inferiores são dotados de simples valor e de valor de troca e os superiores ou significantes, dotados de poder e prestígio. Essa hierarquia, por seu turno, distingue, segundo o poder e o prestígio, os que não possuem e os que possuem semióforos, são seus proprietários, guardiães, conservadores e exibidores. Chefias político-militares, detentoras do saber sobre o profano, e chefias religiosas, detentoras do saber sagrado, isto é, reis, príncipes, pontífices, foram os primeiros detentores de semióforos. A eles, a sociedade moderna acrescentou os humanistas (que pelo estudo do passado recuam as fronteiras do tempo), os cientistas (que pelo estudo das coisas ampliam as fronteiras do espaço) e os artistas (cujas obras trazem perenidade e eternidade ao mundo). A eles, os séculos XIX e XX viram acrescentarem-se os detentores do dinheiro, que, como mercadoria universal, tem o poder de fazer crescer a quantidade de objetos semióforos, que se tornam insígnia não só de poder e prestígio, mas também de riqueza.

Ora, a hierarquia política, a religiosa e a da riqueza passaram a disputar a posse dos semióforos, bem como a capacidade para produzi-los e exibi-los: a religião, estimulando os milagres (que geram novos lugares sagrados, novos santos e novas relíquias); o poder político, estimulando a propaganda (que produz novos lugares, novas pessoas e novas datas para o culto cívico); e o poder econômico, estimulando tanto a aquisição de objetos para convertê-los em semióforos (por meio de coleções privadas) como o surgimento de novos saberes encarregados de produzir novos semióforos (arqueologia, paleontologia, etnologia, história da arte). É nessa disputa de prestígio, poder e riqueza que o Estado-Nação inventa a ideia de *patrimônio cultural da Nação* como patrimônio artístico, histórico e geográfico, ou seja, aquilo que o poder político detém contra o poder religioso e o poder econômico. Em outras palavras, os semióforos religiosos são particulares a cada crença, os semióforos da riqueza são propriedade privada, mas o patrimônio cultural é nacional ou coletivo, e sua função é celebrar os feitos da Nação.

Por que o Estado-Nação se viu compelido a inventar o patrimônio cultural nacional – museus públicos, bibliotecas públicas, arquivos públicos, monumentos, meio ambiente? Por dois motivos principais. Em primeiro lugar, pela pressão de uma classe média crescente que, não tendo poder nem riqueza, deseja ter acesso aos objetos-significações, forçando o Estado à criação das instituições públicas de patrimônio cultural e ambiental. Em segundo lugar, como consequência da luta de classes, pois se cada classe social instituir seus próprios semióforos, definindo sua maneira de relacionar-se com o tempo, o espaço, o invisível e o sagrado, os conflitos sociais não poderão ser controlados pela classe dominante nem por seu Estado. Por esse motivo, o primeiro semióforo instituído pelo Estado foi a própria ideia de *Nação*, sujeito e objeto dos cultos cívicos que ela presta a si mesma. A partir da Nação, instituem-se os semióforos *nacionais,* e com eles o patrimônio cultural e ambiental e as instituições públicas encarregadas de guardá-los, conservá-los e exibi-los.

É esse acontecimento histórico que leva, gradualmente, a ideia de *patrimônio ambiental* a integrar o meio ambiente entre os objetos semióforos. Não se trata, como na Antiguidade, da eleição de lugares, estrelas, planetas, constelações, montanhas, lagos e rios nos quais o sagrado e o invisível se manifestam, mas da ideia de que a natureza, enquanto *território nacional*, deve ter algumas de suas partes preservadas e publicamente exibidas. Em outras palavras, assim como na Antiguidade, o semióforo natural era um objeto cultural, assim também, com o Estado-Nação, a natureza é um objeto cultural, é uma ideia, uma significação, e não uma simples coisa externa. Em outras palavras, a oposição natureza-cultura não tem validade aqui.

Na sociedade contemporânea, na qual vigora a ideologia pós-moderna, a ideia de patrimônio cultural e ambiental é acrescida de três inovações:

1. a ideia pós-moderna de que as cidades são "empórios de estilos e de imagens", sistemas descentrados de sinais, exigindo por isso a multiplicação quantitativa de objetos do patrimônio, com a multiplicação de "objetos históricos", surgindo o museu do telefone, o do rádio, o do disco, o do cinema, o do telégrafo, o do avião, o do selo, o do automóvel, e assim por diante;
2. a ideia de que as cidades enquanto tais são museus num sentido novo: reservam-se edifícios e logradouros, parques e rios, lagos e bosques aos quais se atribui a qualidade de semióforos, de maneira a garantir, de um lado, que todo o restante possa ser devastado pela especulação imobiliária e, de outro, que a preservação cultural e ambiental produza "retorno positivo de imagem" aos governantes, além de isenções fiscais para empresas privadas que se dispõem à "preservação". Em outras palavras, o patrimônio cultural e ambiental, que era fonte de poder para o Estado-Nação, torna-se simplesmente uma questão econômica e política de marketing;
3. a inversão do sentido originário do semióforo a partir do surgimento do mercado de "antiguidades". De fato, como vimos, o semióforo é justamente o objeto retirado do circuito econômico porque possui função simbólica. Com o surgimento e o crescimento do mercado de "antiguidades", surge a ideia de que qualquer objeto, documento, texto pode aceder à condição de objeto-significação ou de objeto histórico a partir das decisões de um determinado tipo de mercado sobre o que é "antigo".

Sob a ação da ideologia pós-moderna, novamente a oposição entre natureza e cultura perde validade, porém, porque agora *tudo* é mercadoria e *tudo* é objeto de marketing. A universalização do mercado capitalista é exatamente o que permite a "defesa" do chamado patrimônio ambiental, uma vez que ela se institui no exato momento em que a natureza é devastada, pois o "patrimônio" elege, segundo critérios econômicos, o que deve e pode ser retirado do circuito da atividade econômica. O que não nos deve surpreender, já que a natureza se tornou uma construção científica e mercantil.

4

A ÉTICA COMO IDEOLOGIA[1]

I.

Embora *ta ethé* e *mores* signifiquem o mesmo, isto é, costumes e modos de agir de uma sociedade, no singular *ethos* é o caráter ou temperamento individual que deve ser educado para os valores da sociedade e *ta éthiké* é uma parte da filosofia que se dedica às coisas referentes ao caráter e à conduta dos indivíduos. Por isso, é preciso voltar-se para a análise dos próprios valores propostos por uma sociedade e para a compreensão das condutas humanas individuais e coletivas, indagando sobre seu sentido, sua origem, seus fundamentos e suas finalidades.

1 A primeira versão deste texto foi apresentada em uma conferência para os estudantes de Filosofia Política do Departamento de Filosofia da Faculdade de Filosofia, Letras e Ciências Humanas (FFLCH) da USP, em 2005.

Toda moral é normativa, pois cabe-lhe a tarefa de inculcar nos indivíduos normas ou padrões de conduta, costumes e valores da sociedade em que vivem. Contudo, nem toda ética precisa ser normativa (a de Espinosa e a de Nietzsche, por exemplo, não o são). Uma ética normativa é uma ética dos deveres e obrigações (como é caso da ética de Kant). Uma ética não normativa é aquela que estuda as ações e as paixões em vista da felicidade, cujo critério são as relações entre a razão e a vontade no exercício da liberdade como expressão da natureza singular do indivíduo ético, que, por sua vez, aspira à felicidade.

No entanto, quer seja ou não normativa, não há ética enquanto investigação filosófica se não houver uma teoria que fundamente as ideias de agente ético, ação ética e valores éticos. Sob essa perspectiva geral, podemos dizer que uma ética procura definir, antes de tudo, a figura do agente ético e de suas ações e o conjunto de noções (ou valores) que balizam o campo de uma ação que se considere ética.

O agente ético é pensado como sujeito ético, isto é, como um ser *racional* e consciente que sabe o que faz, como um ser livre que, por si mesmo, decide e escolhe o que faz, e como um ser responsável que responde pelo que faz. A ação ética, por sua vez, é balizada pelas ideias de bom e mau, justo e injusto, virtude e vício, ou seja, por valores cujo conteúdo pode variar de uma sociedade para outra ou na história de uma mesma sociedade, mas propõe sempre uma diferença intrínseca entre condutas segundo o bem, o justo e o virtuoso e aquelas que se realizam sob o mal, o injusto e o vicioso. Assim, uma ação só será ética se for consciente, livre e responsável, e só será virtuosa se for realizada em conformidade com o bom e o justo. A ação ética só é virtuosa se for livre, e só será livre se for autônoma, quer dizer, se resultar de uma decisão interior ao próprio agente e não vier da obediência a uma ordem, a um comando ou a uma pressão externos.

Como a palavra autonomia indica, é autônomo[2] aquele que é capaz de dar a si mesmo as regras e normas de sua ação. Evidentemente, isso leva a perceber que há um conflito entre a autonomia do agente ético e a heteronomia[3] dos valores morais de sua sociedade: com efeito, esses valores constituem uma tábua de deveres e fins que, do exterior, obrigam o agente a agir de uma determinada maneira e por isso operam como uma força externa que o pressiona a agir segundo algo que não foi determinado por ele mesmo. Em outras palavras, o agente não age em conformidade consigo mesmo, e sim em conformidade com outro, que lhe é exterior e que constitui a moral de sua sociedade. Esse conflito só pode ser resolvido se o agente reconhecer os valores morais de sua sociedade como se tivessem sido instituídos por ele, como se ele pudesse ser o autor desses valores ou das normas morais de sua sociedade porque, neste caso, terá dado a si mesmo as normas e regras de sua ação e poderá ser considerado autônomo.

---

2 Do grego: *autós*, si mesmo; *nómos*, regra, norma. Dar a si mesmo a regra ou a norma.

3 Do grego: *hetero*, outro; *nómos*, regra, norma. Receber de outro a regra ou a norma.

Por esse motivo, as diferentes éticas filosóficas tendem a resolver o conflito entre a autonomia do agente e a heteronomia de valores e fins propondo a figura de um agente racional livre universal com o qual todos os agentes individuais estão em conformidade e no qual todos se reconhecem como instituidores das regras, normas e valores morais. Esse agente universal é o ser humano ou a humanidade, que é a mesma em todos os indivíduos. Enfim, a ação só é ética se realizar a natureza racional, livre e responsável do agente e se o agente respeitar a racionalidade, a liberdade e a responsabilidade dos outros agentes. Isso significa que a subjetividade ética é uma intersubjetividade e que ambas são ações, pois a ética só existe pela e na ação dos sujeitos individuais e sociais, definidos por laços e formas de sociabilidade, criados também pela ação humana em condições históricas determinadas.

Etimologicamente, violência vem do latim *vis*, força, e significa:

1. tudo o que age usando a força para ir contra a natureza de algum ser (é desnaturar alguém);
2. todo ato de força contra a espontaneidade, a vontade e a liberdade de alguém (é coagir, constranger, torturar, seviciar, brutalizar);
3. todo ato de violação da natureza de alguém ou de alguma coisa valorizada positivamente por uma sociedade (é violar);
4. todo ato de transgressão contra aquelas coisas e ações que alguém ou uma sociedade define como justas e como um direito;

5. consequentemente, violência é um ato de brutalidade, sevícia e abuso físico e/ou psíquico contra alguém e caracteriza relações intersubjetivas e sociais definidas pela opressão, pela intimidação, pelo medo e pelo terror. É a crueldade.

A violência se opõe à ética porque trata seres racionais e sensíveis, dotados de linguagem e de liberdade, como se fossem coisas, isto é, irracionais, insensíveis, mudos, inertes ou passivos. Na medida em que a ética é inseparável da figura do sujeito racional, voluntário, livre e responsável, tratá-lo como se fosse desprovido de razão, vontade, liberdade e responsabilidade é tratá-lo não como humano, mas como coisa, fazendo-lhe violência nos cinco sentidos que damos a essa palavra.

II.

Hoje em dia, a palavra de ordem em toda parte é o "retorno à ética" ou a "necessidade de ética". Fala-se em crise dos valores e na necessidade de um retorno à ética, como se esta estivesse sempre pronta e disponível em algum lugar e como se nós a perdêssemos periodicamente, devendo, periodicamente, reencontrá-la. É como se a ética fosse uma coisa que se ganha, se guarda, se perde e se acha, e não a ação intersubjetiva consciente e livre que se faz à medida que agimos e que existe somente por nossas ações e nelas.

Por que a palavra de ordem "retorno à ética"? Porque:

- o refluxo dos movimentos e das políticas de emancipação do gênero humano (a ideia de revolução socialista) criou um vazio que a ideologia neoliberal se sente à vontade para preencher ao seu bel-prazer, uma vez que não parece encontrar opositores;
- a forma atual da acumulação ampliada do capital, chamada acumulação flexível, produz a dispersão, a fragmentação de grupos e classes sociais, destruindo seus antigos referenciais de identidade e de ação e tornando altamente complicada a criação de novos referenciais, de tal maneira que a fragmentação e a dispersão tendem a aparecer como naturais e a se oferecer como valores positivos;
- a naturalização e a valorização positiva da fragmentação e dispersão socioeconômica aparecem no estímulo neoliberal ao individualismo competitivo e ao sucesso a qualquer preço, de um lado, e, de outro, como a salvação contra o egoísmo pela produção do sentimento comunitário por todas as formas religiosas de fundamentalismo. O elogio do individualismo agressivo – com a figura do "empresário de si mesmo" – e o apelo a uma religiosidade que justifica e estimula essa figura destroem o campo da ação intersubjetiva e sociopolítica como abertura e realização coletiva do possível no tempo, isto é, a criação histórica;
- as mudanças tecnológicas ocorridas a partir do momento em que a técnica deixa de ser ciência aplicada para tornar-se ciência cristalizada em objetos de intervenção humana sobre a natureza e a sociedade, transformando a

tecnologia não só em forma de poder, mas, sobretudo, em força produtiva e parte integrante do capital. Essa transformação, feita exclusivamente sob a lógica do mercado, é a transformação da ciência e da técnica em lógica do poder como decisão sobre a vida e a morte em escala planetária;

- a sociedade dos *mass media* – que estimula o consumo de bens efêmeros, perecíveis e descartáveis, bem como a forma assumida por essa sociedade com a presença do mundo digital das redes sociais como "bolhas" e das *fake news*, a prática da mentira, do cinismo e de conflitos artificialmente criados – engendra uma subjetividade de tipo novo, o sujeito narcisista, que cultua sua própria imagem como única realidade que lhe é acessível e que, exatamente por ser narcísica, exige aquilo que a nova forma da sociedade lhe promete sem cessar, a saber, a satisfação imediata dos desejos, a promessa ilimitada de juventude, saúde, beleza, sucesso e felicidade (promessa que, no entanto, não se pode cumprir gerando, por isso, frustração e niilismo).

A esse quadro contrapõe-se a palavra de ordem do "retorno à ética" como panaceia geral. Como se configura essa ética, à qual se pretenderia "retornar"? Como ideologia.

Para esclarecer por que aqui articulamos ética e ideologia, vale a pena recordarmos como foi inventado um dos principais valores da ética no modo de produção capitalista, qual seja, o trabalho.

Na sociedade pré-capitalista, aristocrática e guerreira, eram valores éticos a coragem, a glória, a fama e a honra. Tais valores, porém, eram exclusivos dos aristocratas e não pertenciam aos plebeus e aos escravos; e eram valores masculinos, e não femininos. Nessas sociedades, o corpo masculino do guerreiro era altamente valorizado por meio de dietas, exercícios e lazer, poupado de todo e qualquer trabalho que pudesse danificá-lo. Em contrapartida, o trabalho cabia aos inferiores, isto é, aos plebeus, servos e escravos. Ora, uma mudança nesses valores ocorrerá com o surgimento do capitalismo.

Ao estudar as origens da ética própria à sociedade capitalista moderna na obra clássica *A ética protestante e o espírito do capitalismo*, Max Weber a denominou com a expressão ética protestante, nascida com o protestantismo calvinista ou a teologia de Calvino. Nesta, é central a ideia de predestinação: desde toda a eternidade, Deus já predestinou quem será salvo e quem será condenado para sempre na eternidade, porém nenhum humano sabe qual das duas possibilidades lhe caberá. No entanto, Deus oferece alguns sinais de quem se salvará e quem será condenado. Esse sinal é decisivo para entendermos a ética burguesa. Vejamos como isso acontece.

A burguesia afirmou-se contra a aristocracia por sua capacidade de gerar riqueza (o capital). Para isso, afirmou que o trabalho – desprezado nas sociedades aristocráticas da Antiguidade e da Idade Média, e que, na tradição religiosa judaico-cristã, foi considerado uma punição pelo pecado de Adão – foi transformado em virtude por excelência. Quem faz seu trabalho render riqueza e, em lugar de gastá-la, a investe em mais trabalho para gerar mais riqueza, vivendo frugal e honestamente, tem, no aumento de seus bens, um sinal de que foi predestinado por Deus para a salvação eterna. Estamos diante da primeira versão do que, hoje, o fundamentalismo religioso designa com a expressão *teologia da prosperidade*, cuja figura central é o chamado *empresário de si mesmo* (de que falaremos mais a seguir).

Eis por que, desde seu surgimento, a sociedade capitalista afirma ser uma pessoa eticamente virtuosa aquela que segue um conjunto de normas de conduta nas quais o trabalho surge não apenas como obrigação moral, mas como um poderoso racionalizador da atividade econômica geradora de lucro. Por quê? Porque trabalhar é ganhar para poupar e investir para que se possa trabalhar mais e investir mais. Honestidade é pagar em dia as dívidas para obter mais crédito. Temperança é vida simples e frugal, isto é, vida sem luxos nem prazeres. Trabalho, honestidade, temperança: eis as virtudes da ética burguesa.

Essa mudança na percepção do trabalho e no novo lugar que passa a ocupar na sociedade, julga Weber, teria não só coincidido com o advento da Reforma Protestante e do capitalismo, mas também teria sido decisiva para a construção da racionalidade capitalista ocidental moderna, transformando o ócio e o lazer em vícios, chamando-os de preguiça (um dos sete pecados capitais, no cristianismo) e enunciando que "a preguiça é a mãe de todos os vícios". Disso, a prova é dada pelas inúmeras e frequentes legislações iniciais do capitalismo, que transformaram a mendicância e a preguiça em crimes sujeitos à pena de prisão e, em certos casos, de morte.

Weber identifica a ética burguesa do trabalho e a figura do burguês trabalhador no capitalismo. No entanto, o homem temperante e honesto, que trabalha, poupa e investe, é apenas a autoimagem do burguês, e não a figura dos que trabalham para que o burguês poupe e invista. Portanto, é preciso indagar como a ética burguesa conseguiu tornar-se ética dos proletários. Ou seja, é preciso mostrar que a ética burguesa do trabalho é, na realidade, uma ideologia burguesa interiorizada pelos trabalhadores.

Como mostra Marx, o surgimento do capitalismo dependeu do aparecimento da figura do trabalhador destituído dos meios de produção e obrigado a vender sua força de trabalho aos proprietários privados dos meios sociais de produção, a burguesia. A acumulação do capital impunha a máxima exploração da força produtiva, isto é, do trabalho. Eis por que a ética burguesa transformou o trabalho em virtude suprema, identificou o ócio à preguiça como vício supremo e os proletários foram ideologicamente levados a acreditar em seu próprio valor e virtude porque eram trabalhadores (donde, até hoje, os sentimentos de vergonha e humilhação experimentados pelos trabalhadores desempregados).

Essa moral, que ocultava a exploração do trabalho sob o nome de virtude, era repressiva com relação aos desejos humanos (prazeres, sexualidade, lazer), pois de sua repressão dependiam o vigor e a dedicação ao trabalho. Sua expressão mais contundente se encontra na chamada moral vitoriana, do final do século XIX, cuja compreensão deu origem à psicanálise, com Freud.

Todavia, desde o final da Segunda Guerra Mundial, a sociedade em que vivemos é aquela em que o capital, além da exploração do trabalho, se acumula e se reproduz por meio do *consumo de massa*. No núcleo dessa formação social encontra-se a ação do mercado como estímulo ao consumo por meio do estímulo aos desejos, tanto reais quanto imaginários, da satisfação de prazeres, tanto reais quanto imaginários, com promessas de beleza, saúde, juventude, conforto, sucesso. Em suma, estamos no polo oposto ao da moral burguesa do elogio da vida frugal e temperante. Passamos à ética capitalista do desejo, identificado com os conteúdos propostos pelo mercado.

Ora, a palavra de ordem de "retorno à ética" pretende repor a velha moral burguesa do trabalho como virtude em condições históricas incompatíveis com ela.

De fato, como é pensada essa ética, à qual se pretenderia "retornar"?

Em primeiro lugar, como reforma dos costumes e restauração de valores. Não é casual o uso da palavra "retorno", pois indica uma atitude regressiva, e não uma análise das condições presentes como obstáculos para uma conduta, uma atitude e uma ação éticas. A análise da situação presente é substituída por uma panaceia imaginária a que se dá o nome de "ética", entendida como sistema de bons costumes (trabalho, temperança, honestidade).

Em segundo lugar, é entendida como dispersão de "éticas". Fala-se em ética na política, ética familiar, ética escolar, ética profissional, ética empresarial, ética médica, ética universitária etc. Essa dispersão esvazia a ética de toda e qualquer universalidade porque espelha, sem análise e sem crítica, a dispersão e a fragmentação socioeconômicas impostas pela forma atual do capitalismo. Na verdade, a ética é confundida com a organização e a divisão de funções e responsabilidades numa instituição e, portanto, como um código de condutas e ações predefinidas de acordo com os objetivos funcionais da instituição. A ação ética é, assim, substituída pela ideia de bom desempenho funcional.

Fragmentada em pequenas "éticas" locais, a que a ética é reduzida? Passa a ser entendida como competência específica de especialistas (os RHs das empresas e as "comissões de ética" em todas as instituições), que detêm o sentido das regras, normas, valores e finalidades de desempenho, definidos por critérios locais ou específicos, e julgam as condutas e ações dos demais segundo esses pequenos padrões de desempenho localizados, os quais, frequentemente, estão em contradição com outros padrões de outras localidades, pois a sociedade capitalista é constituída por diferentes esferas de vida e atividade e tecida pelas contradições internas entre elas. Assim, em lugar de a ética levar a uma compreensão crítica dessas contradições, as "éticas" não fazem senão alimentá-las. Mas não só isso. Na medida em que RHs e "comissões de ética" operam a partir das opiniões e decisões de especialistas, os quais estabelecem normas e regras de desempenho e de sua avaliação, é evidente que estamos em plena heteronomia, pois o agente é considerado ético não porque age com autonomia, e sim porque se submete a tais normas e regras vindas de fora dele.

Em terceiro lugar, a ética é entendida como defesa humanitária dos direitos humanos contra a violência, isto é, como comentário indignado contra a guerra, a política, a ciência, a técnica, a mídia, a polícia, o crime organizado, bem como atendimento médico-alimentar e militar dos deserdados da terra. É o momento no qual as ONGs deixam de ser vistas e pensadas como partes de movimentos sociais mais amplos ligados à cidadania, para serem reduzidas à condição assistencial que a imagem das vítimas impõe à consciência culpada dos privilegiados.

Sob essas três perspectivas, torna-se claro o que significa o "retorno à ética": trata-se pura e simplesmente de uma ideologia, isto é, de uma construção social imaginária que pretende coincidir com a realidade quando esta é tomada tal como *aparece*, e não tal como é efetivamente. O "retorno à ética" permanece na superfície da vida social, alojando-se numa atitude regressiva, pois, em lugar de suscitar uma análise das dificuldades de nosso presente – ou seja, dos obstáculos à vida ética subjetiva e intersubjetiva, que exigem uma nova compreensão dos valores e uma nova instituição de valores –, pretende regressar a uma ética imaginária, a "verdadeira ética" que teria existido no passado e à qual se deve retornar.

A ética como ideologia é duplamente perversa: por um lado, toma as ideias e crenças da classe dominante como expressão da humanidade, e não de uma classe social determinada; e, por outro, procura fixar-se numa imagem do presente como se este não só fosse eterno, mas sobretudo como se existisse por si mesmo, ou seja, como se não fosse efeito das ações humanas e como se não tivesse causas passadas e efeitos futuros. Reduz o presente ao instante imediato sem memória e sem porvir. Além disso, procura mostrar que qualquer ideia positiva do bem, da felicidade, da liberdade, da justiça e da emancipação humana é um mal, ou mesmo o Mal. Em suma, como toda ideologia, toma o presente como fatalidade e anula a marca essencial do sujeito ético e da ação ética, isto é, a liberdade.

III.

Quem viu o filme *O declínio do império americano* há de se lembrar, logo no início, da fala da personagem que teria escrito um livro com o mesmo título. Ao ser entrevistada, a autora afirma que seu trabalho desenvolve a relação entre a valorização da vida privada e o declínio dos impérios ou da vida pública. Oferece como exemplos os escritos morais dos autores romanos quando se inicia a queda do Império Romano e os de Rousseau, no momento em que o Antigo Regime, ou a monarquia absoluta francesa, começa a entrar em colapso. A argúcia do filme está em *demonstrar* essa tese, fazendo com que as questões sociais e políticas sejam diluídas sob o privilégio conferido à vida privada das personagens e aos seus problemas morais – ou seja, a vida privada e os problemas dos personagens encarnam o objeto da crítica, como se esta permanecesse no exterior de suas existências, e não o objeto conhecido por meio do livro crítico, escrito por um deles. "Declínio" significa que estamos perante a privatização do espaço público e o alargamento do espaço privado, ilustrados pelo próprio filme.

É nesse contexto que vem inscrever-se a palavra de ordem de que haja "ética na política".

Visto que pertencemos a uma época histórica (iniciada no século XVI) que distingue entre a conduta privada e a pública, chamando a primeira de ética e a segunda de política, somos levados a crer que afirmar a necessidade de ética na política significa afirmar que as qualidades positivas que atribuímos à conduta privada devem ser o critério para a avaliação das qualidades políticas dos Estados e dos governos.

Ora, um dos aspectos mais importantes da modernidade foi justamente a distinção entre a dimensão privada e a pública das atitudes, condutas e ações humanas, de maneira que a exigência de ética na política pode ser vista ou como uma concepção regressiva da vida pública, submetida aos critérios da vida privada, ou como expressão do declínio da vida pública enquanto esfera própria da ação política.

Para romper com essa confusão entre o público e o privado – de cuja diferença nasceu justamente a política –, proporemos aqui a ideia de ética pública e, em lugar de falar em ética *na* política, propomos a expressão ética *da* política. Não se trata de afastar ética e política, mas de pensar a diferença entre a ética individual/privada e a ética política/pública, pois, sem essa distinção, oscilamos entre uma concepção pré-moderna e uma concepção pós-moderna da política.

IV.

A concepção pré-moderna da política está exemplarmente manifestada na concepção teológica do poder. Nesta, considera-se o governante não como representante dos governados, mas de um poder mais alto – Deus –, que lhe confere a soberania como poder de decisão pessoal e único. Visto que a vontade do governante representa a vontade de Deus, aquele que governa "traz a lei em seu peito" e, conforme o adágio medieval, "o que agrada ao rei tem força de lei". Como a política depende do puro arbítrio do governante, este, para ser digno de governar em nome da justiça divina, deve possuir um conjunto de virtudes pessoais que atestam seu bom caráter, do qual dependem a paz e a ordem. O governante virtuoso é um espelho no qual os governados devem refletir-se, imitando suas virtudes – o espaço público é idêntico ao espaço privado das pessoas de boa conduta e a corrupção é atribuída ao mau caráter ou aos vícios do dirigente, chamado, então, de tirano.

Por seu turno, a concepção pós-moderna aceita a submissão da política aos procedimentos da sociedade de consumo e de espetáculo. Torna-se indústria política, dá ao marketing a tarefa de vender a imagem do político e reduz o cidadão à figura privada do consumidor. Para obter a identificação do consumidor com o produto, o marketing produz a imagem do político enquanto pessoa privada: características corporais, orientações sexuais, culinárias, literárias, esportivas, hábitos cotidianos, vida em família, bichos de estimação. A privatização das figuras do político e do cidadão privatiza o espaço público. Por isso a avaliação ética dos governos não possui critérios próprios a uma ética pública e se torna avaliação das virtudes e vícios dos governantes; e, como no caso pré-moderno, a corrupção é atribuída ao mau caráter dos dirigentes, e não às instituições públicas.

Compreende-se, então, que a ideologia do "retorno à ética" acabe espalhando-se por toda a sociedade sob a forma de crítica da política enquanto tal, como atesta a expressão "todo poder corrompe", tomando a forma da avaliação da esfera pública com critérios da esfera privada. É isso o que se denomina a "ética na política".

O que torna possível a concepção pós-moderna da política? Entre os vários elementos que a determinam, mencionemos os principais.

Em primeiro lugar, o encolhimento do espaço público e o alargamento do espaço privado sob a ação da economia neoliberal, uma vez que esta se define pela eliminação de direitos econômicos, sociais e políticos garantidos pelo poder público, privatizando-os como serviços vendidos e comprados no mercado; portanto, em proveito dos interesses privados da classe dominante, a saber, em proveito do capital.

Em segundo lugar e como consequência, o bloqueio à participação política. De fato, o direito à participação política encontra obstáculos, sob os efeitos da divisão social entre dirigentes e executantes ou a *ideologia da competência técnico-científica*, isto é, a afirmação de que quem possui conhecimentos científicos e técnicos está naturalmente dotado de poder de mando e direção. Iniciada na esfera da produção econômica (com o nome de "gerência científica"), essa ideologia propagou-se para a sociedade inteira, que não percebe que a divisão social das classes está sobredeterminada pela divisão entre "competentes" – que, supostamente, sabem e por isso mandam – e "incompetentes" – que nada sabem e apenas executam ordens. Fortalecida pelos meios de comunicação de massa, que a estimulam diariamente, essa ideologia invadiu a política, que passou a ser considerada uma atividade reservada para técnicos ou administradores políticos competentes, e não uma ação coletiva de todos os cidadãos. Dessa maneira, sob o signo da incompetência generalizada, o direito à participação política tende a desaparecer, pois somos incompetentes para isso, e o direito à representação política (ser representante e ser representado) diminui porque se restringe aos competentes, os quais, evidentemente, pertencem à classe economicamente dominante, que, assim, dirige a política segundo seus interesses, e não de acordo com a universalidade dos direitos.

Ademais, não podemos deixar de considerar a transformação dessa ideologia (que denomino ideologia da competência) ao receber atualmente o nome de "sociedade do conhecimento", isto é, a constatação de que a sociedade contemporânea não se funda mais sobre o trabalho produtivo, e sim sobre o trabalho intelectual, ou seja, sobre a ciência e a informação. Consequentemente, sendo a informação um direito democrático fundamental, a nova ideologia julga que a "sociedade do conhecimento" seria propícia à sociedade democrática e, dessa maneira, oculta o essencial, ou seja, que o conhecimento e a informação, sob o domínio das empresas digitais, tornaram-se forças produtivas, passando a integrar o próprio capital, o qual passa a depender deles, e, visto que o poder econômico se baseia na posse e na propriedade privada dos conhecimentos e das informações, estes se tornaram secretos e constituem um campo de competição econômica e militar sem precedentes. Como consequência, bloqueiam ações e poderes democráticos, fundados na exigência da publicidade da informação. Em outras palavras, a nova ideologia oculta que a "sociedade do conhecimento" aumenta a exclusão social, política e cultural, impede o conhecimento e a informação dos cidadãos e, portanto, não é propícia nem favorável à sociedade democrática. Prova disso é o surgimento das *fake news*.

Em terceiro lugar, as operações dos meios de comunicação de massa e do mundo digital, que inviabilizam o direito à informação – não só o direito de recebê-la, como ainda o de produzi-la e fazê-la circular. Na medida em que os meios de comunicação são empresas privadas, *produzem* (e não, simplesmente, transmitem) informações de acordo com os interesses privados de seus proprietários e das alianças econômicas e políticas destes com grupos detentores de poder econômico e político. Além disso, na medida em que os meios de comunicação dependem de sua capacidade para gerar necessidades imaginárias e sempre novas de consumo, sua ação principal consiste em oferecer ao espectador o fantasma da liberdade como poder ilimitado de escolha porque, manipulando o *dial* do aparelho de rádio ou de televisão, o *mouse* do computador e os aplicativos de tablets e celulares, o espectador-receptor imagina que pode "escolher" o que verá e ouvirá e, recebendo a propaganda comercial, acredita que pode "escolher" entre algumas marcas de produtos de consumo. Com esse procedimento, os meios de comunicação conseguem gradualmente dissolver a figura do cidadão na do consumidor e a deste no indivíduo manipulável e manipulado, bastando que analisemos o que significa a palavra mágica do mundo digital: *influencer*.

É exatamente nessa chave do consumo que opera a "indústria política" ou o marketing político, tomando como ponto de partida o abandono da informação e da comunicação propriamente políticas, as quais são substituídas pela simplificação extrema da "mensagem", instantânea e inumerável, de modo a evitar reflexão, questionamento e crítica e obter a adesão emocional imediata. A simplificação ou despolitização da "mensagem" é sustentada por um segundo procedimento: a construção da imagem da figura pública do político enfatizando aquelas qualidades que a propaganda de outros produtos já assegurou que são qualidades facilmente consumíveis: beleza, saúde, juventude, sucesso, riqueza, estabilidade e felicidade domésticas etc. Ou seja, para reduzir a figura pública a um mero objeto de consumo privado, o marketing acentua as *qualidades privadas* de um determinado indivíduo e deixa na sombra suas qualidades públicas propriamente ditas.

Há, porém, algo ainda mais grave. De fato, a ideologia da competência e da "sociedade do conhecimento", bem como o neoliberalismo, despolitizam a sociedade porque bloqueiam o exercício da cidadania ativa, mas os meios de comunicação – tanto os analógicos quanto os digitais

– passam a realizar uma *política vicária* ou um *simulacro de política*, isto é, tornam-se agentes políticos sem terem recebido mandato para isso. De fato, além de reduzir o cidadão à figura do consumidor, os meios de comunicação analógicos e digitais também o reduzem à passividade do espectador e do receptor e assumem para si toda a atividade. Aparecem realizando funções de vigilância, de polícia e de controle, no que diz respeito à violência social; funções de assistência social, com campanhas de solidariedade em que a sociedade é convidada a suprir a ausência do Estado no atendimento aos direitos sociais e às necessidades básicas da população; funções de fiscalização dos governos e de denúncia de corrupção na esfera dos três poderes da república; e, sobretudo, apagam os contornos das classes sociais e as diferenças com que estas se exprimem publicamente, criando em seu lugar figuras carismáticas (leigas e religiosas) encarregadas de produzir o sentimento de identificação coletiva, graças à distinção entre "nós" (os bons, os virtuosos, os corretos, os ordeiros, os nacionalistas etc.) e "eles" (agentes da desordem, do conflito, da violência, do caos etc.).

Em quarto lugar, e como consequência, ocorre a destruição da esfera da opinião pública, que deixa de ser o campo em que se exprimem opiniões divergentes sobre a vida econômica, social, cultural e política. A opinião pública, na origem, era a manifestação em público de uma reflexão de grupos e classes sociais na defesa de seus interesses e direitos, os quais determinavam decisões e ações políticas, isto é, concernentes à coletividade. Hoje, a opinião pública tornou-se a manifestação pública de gostos, preferências e sentimentos individuais, que outrora pertenciam ao campo da vida privada.

Além disso, sob o impacto da ideologia da competência e da "sociedade do conhecimento", a imprensa, as ondas sonoras do rádio, as transmissões televisivas e os sites tornam-se cada vez mais o campo dos discursos dos especialistas, que nos ensinam como viver. Os meios de comunicação de massa tornaram-se cada vez mais consultórios sentimental, sexual, geriátrico e ginecológico, ou lugar onde se emitem conselhos e orientações de culinária, jardinagem, decoração da casa, carpintaria, assim como de cuidados com o corpo (ginástica, cosméticos, vestuário, medicamentos), e onde se faz a exposição ininterrupta dos bastidores da criação artística e da vida doméstica.

Como observa Christopher Lasch, os *mass media* tornaram irrelevantes as categorias da verdade e da falsidade, substituindo-as pelas noções de credibilidade ou plausibilidade e confiabilidade – para que algo seja aceito como real, basta que *apareça* como crível ou plausível ou como oferecido por alguém confiável. Os fatos cedem lugar a declarações de "personalidades autorizadas" e de "formadores de opinião", que não transmitem informações, mas preferências, e estas se convertem imediatamente em propaganda. Qual a base de apoio da credibilidade e da confiabilidade? A personalidade, a intimidade, a vida privada, que se transformam, assim, em suporte e garantia da ordem pública.

V.

As concepções pré e pós-modernas da política fundam-se na indistinção entre o espaço privado e o espaço público e só podem pensar a ética como presença ou ausência de virtudes morais pessoais nos governantes.

Para contrastar com essas perspectivas e recuar a ideologia da ética *na* política, a fim de afirmar uma ética *da* política, tomaremos como exemplo a abertura da obra *Tratado político*, de Espinosa.

Estudioso das paixões humanas (que, ao contrário de várias tradições filosóficas e religiosas, não considera vícios nem defeitos da natureza humana, mas algo tão natural como o ar, a água, os raios e trovões), Espinosa afirma que é ficção e loucura querer que os governantes ajam como se não tivessem paixões e interesses, como se fossem a encarnação perfeita das virtudes privadas – seria o mesmo que querer que eles deixassem de ser humanos, tornando-se anjos.

Onde se encontram os princípios da ética pública? *Na qualidade das instituições políticas.* São as instituições que devem ter o poder de cercear e impedir que as paixões (os interesses) pessoais dos governantes tenham força para esmagar, ferir ou bloquear os direitos dos governados.

Todos os que escreveram sobre a política numa perspectiva moralista e moralizante, diz Espinosa, nada trouxeram de útil para a prática, pois escreveram imaginando uma natureza humana ideal, inteiramente racional, virtuosa e perfeita e por isso execraram os seres humanos reais, tidos como viciosos e depravados (porque movidos por sentimentos ou paixões). Tais escritores, diz Espinosa, "creem, assim, fazer uma coisa divina e atingir o cume da sabedoria quando aprendem a louvar de múltiplos modos uma natureza humana que não existe em parte alguma e a fustigar com sentenças aquela que realmente existe".[4]

Ora, prossegue Espinosa, por natureza, e não por vício, os seres humanos são movidos por paixões, impelidos por inveja, orgulho, cobiça, vingança, maledicência, cada qual querendo que os demais vivam como ele próprio. Mas também são impelidos por paixões de generosidade e misericórdia, amizade e piedade, solidariedade e respeito mútuo. Pretender, portanto, que, na política, se desfaçam das paixões e ajam seguindo apenas os preceitos da razão é sonhar "com o século dourado dos poetas, ou seja, com uma fábula".[5]

Por conseguinte, continua Espinosa, um Estado cujo bem-estar, segurança e prosperidade dependam das virtudes pessoais de alguns dirigentes "não terá a mínima estabilidade".[6] Para haver liberdade, paz, segurança, bem-estar e prosperidade, escreve Espinosa, "as suas coisas públicas devem estar ordenadas de tal maneira que aqueles que as administram, quer se conduzam pela razão, quer pelo afeto, não possam ser induzidos a estar de má-fé ou a agir desonestamente".[7] Pouco importam os motivos interiores dos ad-

---

4 Espinosa, Baruch. *Tratado político*. Tradução de Diogo Pires Aurélio. São Paulo: WMF Martins Fontes, 2009. p. 5.

5 Ibidem, p. 9.

6 Ibidem.

7 Ibidem.

ministradores públicos; o que importa é que as instituições os obriguem a bem administrar e bem governar. Virtudes e vícios do Estado não são virtudes e vícios privados dos dirigentes e dos cidadãos, mas *virtudes públicas*, isto é, a qualidade das instituições, ou *vícios públicos*, ou seja, deficiências institucionais.

O que é a corrupção? Espinosa a localiza em duas possibilidades.

A primeira é a passagem de um regime político à tirania, a saber, golpes de Estado que permitam a prática da violência contra os cidadãos. O Estado está corrompido quando o governo se efetua destruindo instituições democráticas e age pela violência do poder soberano ao impedir a liberdade dos cidadãos, dominando "os espíritos e as línguas" (como escrevera no prefácio ao *Tratado teológico-político*), isto é, ao vigiar os corpos – por meio da força policial e militar – e controlar os pensamentos – por meio da censura das ideias e das palavras.

A segunda nasce da má qualidade das instituições políticas, incapazes de garantir a liberdade e a segurança dos cidadãos ao permitir que os interesses de alguns particulares se apresentem como se fossem o direito para tomar as leis em suas mãos e colocá-las a serviço de seus próprios interesses. A corrupção, portanto, não é atribuída a vícios privados de governantes e cidadãos, mas às condições do exercício do poder. Assim, a crítica moralizante à corrupção cede lugar à crítica cívica das instituições, isto é, à moralidade pública propriamente dita ou à ética pública.

5

DO ESPAÇO AO PONTO E DO TEMPO AO INSTANTE[1]

I.

Podemos nos aproximar do significado da ideia de informação se fizermos uma breve comparação entre o antigo objeto técnico – a máquina – e o objeto técnico atual – o autômato.

Até o advento do capitalismo, a técnica era a aplicação regrada de receitas para o uso de um pequeno número de instrumentos para a fabricação de utensílios, vestuário e armamentos, para a construção de edifícios, embarcações etc. Os conhecimentos exigidos, ainda que pudessem envolver cálculos e medidas, eram conhecimentos práticos, adquiridos com a experiência e transmitidos do mestre ao aprendiz, e não um conhecimento teórico ou científico.

1 Conferência de abertura da Semana do Conhecimento na Universidade Federal de Minas Gerais (UFMG), em 2014.

A partir da Revolução Científica do século XVII, porém, surge a *tecnologia*, isto é, o objeto técnico como resultado do conhecimento científico, e não como produto da experiência e da inventividade de artesãos. Assim, por exemplo, descrevendo o telescópio, Galileu declara que sua construção resultou da aplicação das leis ópticas da refração na fabricação das lentes, ambas planas, mas uma delas com uma face convexa e a outra com uma face côncava, cuja precisão é indispensável, pois, além de aproximar os objetos, devem permitir vê-los "sem nenhuma nebulosidade" e "sem nenhuma deformação". Assim, o telescópio é um objeto tecnológico concebido como instrumento de precisão porque é produto da ciência e instrumento para o desenvolvimento da própria ciência, pois seu uso científico altera o próprio conhecimento científico, como se evidenciou com o telescópio e também com o microscópio, criado pelo holandês Antonie van Leeuwenhoek a partir dos trabalhos científicos de Christiaan Huygens sobre óptica.

Como sabemos, durante a primeira e a segunda revoluções industriais, os objetos tecnológicos ampliaram a força do corpo humano e o estenderam no espaço (primeiro, com o telescópio, o microscópio e a máquina a vapor, depois, com as máquinas elétricas, o telégrafo, o telefone, o rádio, o cinema e a televisão). Agora, porém, os objetos tecnológicos ampliam as forças intelectuais humanas, pois são objetos que dependem de informações e operam com informações. Agora, é nosso cérebro ou nosso sistema nervoso central que se expande sem limites, diminuindo distâncias espaciais e intervalos temporais até reduzir o espaço a um ponto e o tempo ao instante.

Do ponto de vista dos objetos técnicos, estamos diante da passagem do maquinismo ao automatismo. O autômato é um objeto tecnológico cujas principais características são:

1. realiza ações que implicam pensamento, isto é, linguagem, pois *opera por informação e comunicação da informação*, graças à codificação legível ou compreensível para a máquina, que se torna capaz de estabelecer relações entre as suas funções, agindo sobre si mesma; ou seja, as operações são sistemas de sinais codificados sob a forma de *programas* matemáticos ou formalizados em termos da lógica formal contemporânea e que funcionam como *mensagens*;
2. autorregulação: o instrumento é capaz de voltar-se sobre si mesmo para assegurar seu funcionamento correto ou seu equilíbrio interno;
3. opera três tipos de comunicação: de movimento, de energia e de informação;
4. opera em diálogo com o mundo exterior e com o usuário, graças ao programa, visto que este é a recepção, pelo instrumento, de uma parte constante das informações que podem vir do mundo exterior e das instruções do usuário;
5. é uma *inteligência artificial*: o autômato não imita o ser vivo (como nas imagens antropomórficas dos robôs), mas o substitui.

Ora, a ideia de informação não modifica apenas o objeto tecnológico. Ela altera o paradigma do conhecimento científico.

Se tomarmos como pista a mudança do paradigma que orienta a produção dos conhecimentos na ciência, diremos que do final do século XIX até os anos 1920, aproximadamente, o paradigma científico tem como categoria determinante a ideia de *organização*, balizada pelos conceitos de função, norma, conflito, sentido e sistema. Entre os anos 1930 e 1970, aproximadamente, o paradigma dominante passa a ser dado pela ideia de *estrutura*, entendida como um sistema cujos componentes são determinados e definidos por suas relações recíprocas segundo um princípio interno de identificação, conservação e transformação. Hoje, o paradigma do conhecimento é a noção de *informação*. As ideias de organização e de estrutura lidavam com objetos concebidos como totalidades que determinam o ser de um indivíduo enquanto sistema de relações determinadas; em contrapartida, a informação lida com a fragmentação e a dispersão de sinais reunidos pela operação de codificação.

A título de ilustração, tomemos uma passagem de um ensaio de Luiz Alberto Oliveira, cosmólogo brasileiro, que escreve:

> Os conceitos basilares não mais são o venerando par substância-indivíduo, e sim *informação e processo*. O mundo consistiria não em uma coleção de seres formados a priori, mas de uma conjunção de seres em contínua e interminável *formatação*. Fluxos materiais relacionam-se, combinam-se,

coagulam-se, às vezes cristalizam-se, adquirindo um certo desenho, sustentando uma certa forma por um certo período, mas o fluir insiste, persiste, em pouco o nódulo se desfaz e as matérias que o compunham participarão de outros seres. Não uma única ocasião produtiva, quando um molde é aplicado sobre uma matéria-prima e se dá a aparição já terminal do produto finalizado, mas o próprio *processo* contínuo e interminável de fabricação, de individuação. [...]

Uma vez destituída a figura do indivíduo finalizado como entidade primeira do existir, em favor dos processos de individuação, precisamos introduzir um outro substrato básico, no lugar da noção de substância, a partir do qual se possa dar conta da formação do mundo natural. Esse novo conceito basilar será o *átomo de informação*, que batizaremos de *bit*. [...]

A noção de informação é interessante porque ela prescinde de qualquer suporte particular: quer se trate da geometria de um cristal, ou da sequência de bases numa molécula de DNA ou dos circuitos de um *microchip*, temos sempre fluxos de informação operando uns sobre os outros, sintetizando-se, fragmentando-se, recombinando-se sem cessar. [...] Ora, estudar as propriedades de um sistema [seja este qual for] não é outra coisa que analisar seus modos de organização; logo, fluxos materiais são equivalentes a fluxos de informação.[2]

---

2 Oliveira, Luiz Alberto. "Biontes, bioides e borgues". In: Novaes, Adauto (org.). *O homem máquina.* São Paulo: Companhia das Letras, 2003. p. 161-164.

O primeiro aspecto a destacar nesse texto é o abandono da ideia de indivíduo como ponto inicial ou ponto final de um processo causal em que uma causa externa produz um ser individual ou uma parte dele para relacioná-lo com outros. A noção de indivíduo é substituída pela ideia de *processo de individuação*, em que um indivíduo é uma *fase do ser*, e não uma realidade primeira ou última.

O segundo aspecto a destacar é a introdução da ideia de *átomo de informação*. Oliveira propõe imaginarmos um shopping center no qual todos os sinais identificadores de cada loja tivessem sido removidos, de tal maneira que não teríamos como diferenciá-las. Escreve ele:

> É necessária a presença de uma *rede de sinalização*, cuja função é precisamente a de romper a simetria (a indistinguibilidade) de módulos essencialmente idênticos, introduzindo distinções que não alteram a natureza desses módulos, mas suportam capacidades suplementares, como filtragem, especialização e competição. *Sinalizar* é apor um signo que orienta um fluxo; é distribuir bandeiras que assinalam os marcos em um território e permitem a interconexão entre eles. A sinalização, contudo, não opera somente criando pertencimentos e identificações, mas principalmente constituindo *diferenciações*: ali onde reina a homogeneidade, a indistinção, a sinalização instaura um diagrama de diferenças que pode suportar uma nova estrutura, uma nova *heterogeneidade*. A sinalização é um dos dispositivos que caracterizam os sistemas complexos e sua hierarquia de agentes e meta-agentes. [...] Estruturar é assim, antes de mais nada, diferençar. Por outro

> lado, podemos assimilar o conceito de diferença (e, portanto, também o de estrutura) ao de informação. Sinais são portadores de uma diferença, uma figura que se destaca de um fundo; a informação é uma medida da incerteza desse grau de diferenciação entre o sinal e seu substrato, pois sem tal heterogeneidade o sinal não poderia encerrar um conteúdo, um significado.[3]

Percebe-se que a linguagem é concebida como *algoritmo*, sistema de signos com capacidade de autorregulação e autocorreção, ou seja, autorreferida e autocentrada. É tomada como rede de sinais, e nela o símbolo tem o sentido que possui nas matemáticas, ou seja, é um signo.

Um terceiro aspecto a destacar no novo paradigma científico é a afirmação da indistinção entre natureza e cultura a partir da indistinção entre matéria, vida e pensamento:

> A observação decisiva é que progressivamente, e cada vez mais, diluem-se as distinções clássicas entre matéria, vida e pensamento. Anteriormente se poderia dizer que a tecnologia é uma ferramenta para o espírito, residente na dimensão interna da subjetividade, agir sobre a natureza que lhe é exterior. Hoje, contudo, ocorre uma internalização da ação técnica, como se a tecnologia se rebatesse sobre seu agente, como se o espírito se dobrasse sobre si mesmo e se autoafetasse. Na medida em que uma ação externa se rebate e engolfa seu próprio executor, resta abolida a suposta separação clara

3 Ibidem, p. 164.

> entre o interno e o externo, e entre sujeito e objeto, e entre ente e artefato. [...] Esse fato é verdadeiramente crucial, porque ao nos tornarmos capazes de atuar nessas microescalas elementares, fundamentais para a constituição de todos os seres, estamos realizando uma *sobreposição de ritmos*: os lentos andamentos da natureza se veem recobertos pelos rapidíssimos movimentos da cultura.[4]

Essa indistinção entre os ritmos da natureza e os ritmos da cultura traz as três grandes promessas da tecnologia do século XXI:

> As três grandes promessas de inovação tecnológica para o século XXI, a saber, a *robótica* (a produção de sistemas capazes de comportamento autônomo), a *biotecnologia* (a manipulação dos componentes dos seres vivos, incluindo seu código genético) e a *nanotecnologia* (a fabricação de dispositivos moleculares), têm como fundamento comum a crescente capacidade de manipular objetos infinitesimais; contudo, seus campos de aplicação incluem, decididamente, desde a partida, *nossos próprios corpos e espíritos*. Estamos a caminho de poder *redesenhar a forma humana*.[5]

O redesenho da forma humana decorre da capacidade técnico-científica de manipular os objetos pela nanotecnologia, levando a uma integração crescente entre componentes

---

4 Ibidem, p. 167.

5 Ibidem, p. 168.

orgânicos, gerados biologicamente, e componentes eletrônicos, fabricados artificialmente, de maneira a combinar os dispositivos orgânicos (motores, sensórios e cognitivos) de que somos biologicamente dotados e próteses de sensibilidade e de inteligência que nos permitem, por exemplo, navegar no info-oceano estabelecido pela rede mundial integrada de computadores e telecomunicações.

O que é exatamente essa combinação que redesenha a forma humana? Uma síntese de carbono (nosso organismo) e silício (de que são feitas as próteses), uma mescla de terminais nervosos orgânicos e semicondutores. Numa palavra: a perspectiva, explica Oliveira, é a de que nosso futuro seja "nos tornarmos *borgues*, híbridos de células e chips"[6] e num momento já próximo "veremos o nascimento de autênticos híbridos biotrônicos, veremos o nascimento de centauros cognitivos, e logo esses centauros seremos nós".[7]

II.

A mutação científica e tecnológica trazida pelo paradigma da informação produz uma mudança gigantesca na forma da comunicação, isto é, o aparecimento da internet. A internet é um ponto de convergência entre uma arquitetura industrial, múltiplas linguagens informáticas e um grande número de práticas intelectuais e cognitivas, econômicas,

6 Ibidem, p. 169.

7 Ibidem.

sociais, políticas, artísticas e de lazer. É uma organização de informações, parte da rede (a *web*) na qual o centro está em toda parte e a circunferência em nenhuma, disseminada numa infinidade de máquinas através do mundo. É um enxame de redes privadas e públicas, institucionais, comerciais, governamentais, associativas conectadas em inúmeros "nós" que formam uma "nebulosa informacional amplamente insondável, diversamente organizada, às vezes aberta e disponível, mas frequentemente fechada e secreta"[8] e que aparece como uma comunicação tecnológica e universal entre as consciências que compartilham opiniões, pontos de vista, experiências, pensamentos, observações, hábitos e mesmo as banalidades da vida cotidiana ou um mundo de representações entrelaçadas, concordantes ou antagônicas.

Ora, a internet nasce numa infraestrutura econômica, mas que é mantida invisível ou escondida, pois, em lugar de aparecer como um instrumento da economia ou uma estratégia econômica, ela aparece como um ambiente universal de informação e comunicação globalmente uniforme, capaz de trazer proveitos cognitivos, sociais, artísticos e políticos, e como instrumento de pesquisa. No entanto, nos vários campos do saber, das artes e da comunicação a maioria não é senão um *usuário*. Ou seja, o uso das redes envolve usos técnicos diversos, entretanto nossa experiência reticular está circunscrita a um número restrito de programas aplicativos que permitem as múltiplas operações desejadas em um

8 Mathias, Paul. *Qu'est-ce que l'Internet?* Paris: Vrin, 2009. p. 24 (tradução minha).

número limitado de gestos previstos e uniformes em todo o planeta, sem que tenhamos a menor ideia do que são e significam os protocolos informáticos que empregamos. De fato, "o objeto que cintila na tela" (para usarmos uma expressão de Paul Mathias) não é um texto ou uma imagem, mas "um sistema aplicativo opaco do qual percebemos apenas a interface que utilizamos",[9] sem jamais conhecer sua complexidade técnica, que permanece invisível sob a visibilidade contínua. Ignoramos os procedimentos operatórios que a criaram e a conservam, as leis de sua formação e configuração, sua arquitetura funcional. Em outras palavras, como meros usuários da internet, não sabemos onde estamos nem o que fazemos!

Sem dúvida, é preciso enfatizar o aspecto positivo da internet ou das redes. De fato, se levarmos em consideração o monopólio da informação pelas empresas de comunicação de massa, podemos considerar, do ponto de vista da ação política, a internet e as redes sociais como ação democratizadora, tanto por quebrar esse monopólio, assegurando a livre produção e circulação da informação, como também por promover acontecimentos políticos de afirmação do direito democrático à participação. No entanto, duas observações são necessárias aqui. Em primeiro lugar, os usuários não possuem o saber ou o domínio tecnológico da ferramenta que empregam e, em segundo lugar, justamente porque são apenas usuários, não detêm qualquer poder sobre a ferramenta empregada, pois esse poder é uma estrutura

9 Ibidem, p. 27.

altamente concentrada, a Internet Protocol, com dez servidores nos Estados Unidos e dois no Japão, nos quais estão alojados todos os endereços eletrônicos mundiais, de maneira que se tais servidores decidirem se desligar, desaparece toda a internet. Além disso, a gerência da internet é feita por uma empresa norte-americana em articulação com o Departamento de Comércio dos Estados Unidos, ou seja, gere o cadastro da internet mundial. Assim, sob o aspecto maravilhosamente criativo e anárquico das redes sociais em ação política ocultam-se o controle e a vigilância sobre seus usuários em escala planetária, isto é, sobre toda a massa de informação do planeta.

Como observa Laymert Garcia dos Santos em seu livro *Politizar as novas tecnologias*, o capital global privatiza as telecomunicações, coloniza a rede e faz o loteamento do campo eletromagnético, visando controlar o acesso ao chamado ciberespaço, não sob a forma da relação de compra e venda com seus clientes, e sim de fornecimento e uso. Trata-se, portanto, de um novo tipo de mercado em que o cliente, ou melhor, o usuário, é transformado em mercadoria porque a estratégia de venda não consiste mais em vender um produto para o maior número de clientes, mas em vender no ciberespaço o maior número de clientes para uma empresa. Donde a importância dada ao aumento crescente do tempo em que o usuário permanece conectado a esse espaço, tempo que é capitalizado. De fato, explica Garcia dos Santos, os provedores de acesso traçam o perfil do usuário em termos de preferências de acesso (escolhas e rejeições), idade, gostos etc., perfil que serve de base de cálculo para o valor de tempo de vida em termos de sua virtualidade de acesso e consumo. O indivíduo se reduz a um fluxo de dados que pode ser reorganizado e vendido de acordo com os interesses de potenciais anunciantes, os quais, de posse dessas amostras compradas, invadirão os acessos dos indivíduos ao ciberespaço com propagandas já direcionadas para seus gostos. O controle é feito sobre senhas e acessos, organizados como amostras de bancos de dados, bases com que o mercado financeiro se articula com a especulação de possibilidades, isto é, do valor da informação, única mercadoria que conta, tornando-se a medida de todas as coisas, pois, para o capital global, a informação é a medida quantitativa de tudo.

A internet nos coloca diante de uma contradição: de um lado, atravessando potencialmente todas as fronteiras territoriais e políticas, parece permitir uma distribuição de conhecimentos, dar fim às disparidades cognitivas e permitir aos grupos e aos indivíduos se apropriar de seu ambiente econômico, social, cultural e político; de outro, porém, dá origem a uma sociedade planetária de vigilância e controle, não apenas sobre os indivíduos, mas também sobre os Estados.

Os defensores da internet como forma aberta e livre de informação e comunicação se debatem, portanto, com essas formas de controle e vigilância com que o poder econômico e político das corporações a ameaça. Na luta contra essas ameaças, no Brasil, o Poder Executivo encaminhou ao Congresso Nacional um projeto de lei que definia o marco regulatório da internet no Brasil, conhecido como Marco Civil da Internet. Desse ponto de vista, no mundo inteiro o governo brasileiro tem sido elogiado por essa ação democrática pioneira.

Três princípios são centrais no Marco Civil: a neutralidade da rede, o direito à privacidade e o direito à liberdade dos usuários.

Neutralidade da rede significa que as empresas de telefonia, que dominam as fibras ópticas, não podem interferir nas informações que trafegam por elas, ficando impedidas de filtrar, bloquear, censurar ou retirar informações.

Vimos anteriormente que a vigilância e o controle sobre os usuários são praticados pelas empresas de telecomunicações sem que as pessoas saibam que suas informações são armazenadas, cruzadas, processadas e vendidas. Por isso, *privacidade* significa procedimentos legalmente definidos sobre a proteção de dados pessoais, guarda e disponibilidade dos registros de conexão e de acesso aos aplicativos da internet, impedindo que o provedor de conexão escaneie, armazene, processe e venda os dados de navegação dos cidadãos.

A internet é uma rede cibernética de comunicação e controle. Para navegar na rede, cada máquina precisa receber do provedor de acesso um número IP (Protocolo de Internet). Como precisamos de um IP para tudo o que fazemos na rede e como toda navegação deixa registros, o grande problema na internet é como impedir que um IP permita identificar uma pessoa e, portanto, impedir a implantação de regras que permitam ampliar a capacidade de vigilância sobre a navegação dos cidadãos. Por isso, *liberdade* significa, por meio de procedimentos legalmente definidos, impedir que um usuário possa ser identificado a partir dos rastros digitais de um IP.

Embora as questões sociais e políticas sejam decisivas na discussão das tecnologias de informação, não é esse aspecto que queremos examinar aqui e sim um outro, que designamos como atopia e acronia, isto é, os aspectos cognitivos ou de pensamento e sensibilidade.

III.

As práticas reticulares determinam lentamente o surgimento de um novo tipo de subjetividade que não se define mais pelas relações do corpo com o espaço e o tempo do mundo ou da vida, mas com a complexidade de relações técnicas que permanecem esparsas e fragmentadas.

O que é nosso corpo?, indaga Merleau-Ponty.

A física dirá que é um agregado de átomos, uma certa massa e energia, que funciona de acordo com as leis gerais da natureza. A química acrescentará que é feito de moléculas de água, oxigênio, carbono, de enzimas e proteínas, funcionando como qualquer outro corpo químico. A biologia dirá que é um organismo vivo, um indivíduo membro de uma espécie (animal, mamífero, vertebrado, bípede), capaz de adaptar-se ao meio ambiente por operações e funções internas, dotado de um código genético hereditário e que se reproduz sexualmente. A psicologia acrescentará que é um feixe de carne, músculos, ossos que forma aparelhos receptores de estímulos e emissores de respostas, por meio dos quais apresenta comportamentos observáveis. Essas respostas dizem que nosso corpo é uma coisa entre as coisas, um autômato, cujas operações são observáveis direta ou indiretamente, podendo ser examinado em seus mínimos detalhes nos laboratórios, classificado e conhecido.

Merleau-Ponty pergunta: será isso o corpo que é *nosso*?

Meu corpo é um ser visível no meio dos outros seres visíveis, mas tem a peculiaridade de ser um visível vidente: vejo, além de ser vista. Não só isso. Posso me ver, sou visível para mim mesma. E posso me ver vendo.

Meu corpo é um ser táctil como os outros corpos, podendo ser tocado, mas também tem o poder de tocar, é tocante. E é capaz de tocar-se.

Meu corpo é sonoro como os cristais e os metais, podendo ser ouvido, mas também tem o poder de ouvir. Mais do que isso, pode fazer-se ouvir e pode ouvir-se quando emite sons. Ouço-me falando e ouço quem me fala. Sou sonora para mim mesma.

Meu corpo é móvel, mas dotado do poder de mover – é um movente. Móvel movente, o corpo tem o poder de mover-se movendo – é móvel movente para si mesmo.

Meu corpo não é coisa nem máquina, não é feixe de ossos, músculos e sangue nem uma rede de causas, efeitos e funções, não é um receptáculo para uma alma ou para uma consciência: meu corpo é sensível para si mesmo e é meu modo fundamental de ser e de estar no mundo.

Meu corpo estende a mão e toca outra mão em outro corpo, vê um olhar, percebe uma fisionomia, escuta uma outra voz: sei que diante de mim está um corpo que é meu outro, um outro humano habitado por consciência, e eu o sei porque ele me fala e, como eu, seu corpo produz palavras, sentido. Os corpos formam uma intercorporeidade e, porque são habitados pela consciência ou são consciências encarnadas, formam a intersubjetividade.

Nosso corpo é misterioso, e é esse mistério corporal que é atestado pela experiência criadora dos artistas. A criação artística é a experiência de uma diferenciação ou de uma separação no interior da indivisão: a experiência criadora do pintor e do escultor se efetua como aquele momento no qual um visível (o corpo do pintor ou do escultor) se faz vidente sem sair da visibilidade e um vidente se faz visível (o quadro e a escultura) sem sair da visibilidade; a experiência criadora do músico é o momento no qual um ouvinte (o corpo do músico) se faz sonoro sem sair da sonoridade e um sonoro (a música) se faz audível sem sair da sonoridade; a experiência do escritor e do poeta é o momento no qual um falante (o corpo do poeta e do escritor) se faz dizível sem abandonar a linguagem e um dizível (o poema ou o livro) se faz falante sem sair da linguagem.

Somos seres temporais: nascemos e temos consciência do nascimento e da morte; temos a memória do passado e a esperança do futuro, pois somos seres que fazem a história e sofrem os efeitos da história.

Somos seres espaciais: para nós, o mundo é feito de lugares – o perto e o longe, o caminho e a mata, a cidade e o campo, a terra e o céu, o mar e a montanha –; é feito de dimensões – o grande e o pequeno, o maior e o menor – e é feito de qualidades – cores, sabores, tessituras, odores, sons.

Que se passa, porém, quando a espacialidade e a temporalidade constitutivas de nosso ser se perdem na atopia (ausência de lugares ou de espaço) e na acronia (ausência de tempo), próprias das novas formas de informação e do mundo virtual?

De fato, hoje, parecemos ter que enfrentar dois riscos: de um lado, o risco de uma ideologia cientificista, trazida pelo prestígio das chamadas tecnociências e particularmente pelas ciências da vida (genética, biologia molecular, neurobiologia, bioquímica), que reduzem a vida psíquica, cognitiva e afetiva a dados físico-químicos; de outro lado, o risco da perda da profundidade do espaço e do tempo, ou a atopia e a acronia, isto é, a fragmentação e a dispersão espacial e temporal e sua reunificação abstrata sob os efeitos das tecnologias de informação, que produzem a compressão do espaço – tudo se passa *aqui*, sem distâncias, diferenças nem fronteiras – e a compressão do tempo – tudo se passa *agora*, sem passado e sem futuro. No caso do tempo, desaparece sua profundidade, isto é, seu ser como diferença consigo mesmo ou in-quietação diferenciadora. No caso do espaço, desfeita a relação com o corpo, o espaço perde a profundidade, que desaparece sob o poder de uma localidade sem lugar.

Numa palavra, que acontece com a encarnação de nosso espírito e a força cognoscente de nosso corpo quando passamos ao mundo virtual?

IV.

A compressão do espaço – a atopia que o reduz ao *aqui* ou ao *ponto* – e a compressão do tempo – a acronia que o reduz ao *agora* ou ao *instante – são o núcleo da cibercultura ou do mundo virtual.*

Que significa virtual? Para melhor compreendermos esse conceito, precisamos apanhar a distinção entre virtual e possível. Na tradição filosófica, o possível era aquilo que pode vir a existir se houver um agente ou uma circunstância que o faça passar à existência – o real é o que existe efetivamente; o possível, o que pode vir a existir. Também na tradição filosófica, tendia-se a identificar o possível e o virtual (a semente é a árvore virtual ou a árvore possível), isto é, considerava-se o possível e o virtual como potencialidades latentes que poderiam vir à existência.

Na perspectiva da tradição filosófica, uma expressão como *realidade virtual* é um não senso, pois o virtual é irreal, é um mero possível ainda inexistente. A revolução informática e a cibernética, porém, modificaram o conceito de virtual: o virtual já é real e já existe, não se opõe ao real, e sim ao *atual.* Agora, entende-se por virtual algo real e existente que aguarda uma atualização; é aquilo que pode ser infinitamente atualizado. O virtual, portanto, é o que não pode ser determinado por coordenadas espaciais e temporais, pois ele existe sem estar presente num espaço ou num tempo determinados – ou seja, para ele a atopia e a acronia são seu modo próprio de existência. No mundo virtual, a atualização é o modo de relação dos indivíduos humanos com sistemas informacionais, e por isso a virtualização dispensa aquilo que sempre foi o núcleo da experiência humana: a presença. Em seu lugar, operam redes de comunicação atópicas e acrônicas.

Com o virtual surge a chamada *cibercultura*.

> A cibercultura encontra-se ligada ao virtual [...]. Um mundo virtual – considerado como um conjunto de códigos digitais – é um potencial de imagens, enquanto uma determinada cena, durante uma imersão no mundo virtual, atualiza esse potencial em um contexto particular de uso. Indiretamente: o desenvolvimento das redes digitais interativas favorece outros movimentos de virtualização que não o da informação propriamente dita. [...] O ciberespaço encoraja um estilo de relacionamento independente dos lugares geográficos e da coincidência dos tempos. [...] as particularidades técnicas do ciberespaço permitem que os membros de um grupo humano (que podem ser tantos quantos se quiser) se coordenem, cooperem, alimentem e consultem uma memória comum, e isto quase em tempo real, apesar da distribuição geográfica e da diferença de horários. [...] o ciberespaço é o vetor de um universo aberto, a dilatação de um espaço universal.[10]

Destaquemos, em primeiro lugar, a afirmação de que o ciberespaço encoraja um estilo de relacionamento independente dos lugares geográficos e da coincidência dos tempos

---

10 Lévy, Pierre. *Cibercultura*. Tradução de Carlos Irineu da Costa. Rio de Janeiro: Editora 34. p. 50-51. (Coleção TRANS).

e que a extensão do ciberespaço acompanha e acelera uma virtualização geral da sociedade. Ou seja, encoraja a atopia e a acronia. Porém, mais do que isso. A noção de espaço universal desprovido de lugares e de estados de coisas significa que a noção de *mundo* como articulação da multiplicidade diferenciada de espaços e tempos perdeu sentido. Destaquemos, em segundo lugar, a declaração de que existe um espaço outro, o ciberespaço, e que este "é o vetor de um universo aberto, a dilatação de um espaço universal". Ora, uma vez que esse espaço universal será sem lugares e sem tempos, nele nosso corpo como espacialidade e temporalidade vivas não tem presença alguma. A atopia e a acronia do mundo virtual significam um processo ilimitado de *desincorporação* dos seres humanos, que decorre da figura do indivíduo como fluxos materiais que se relacionam, se combinam, se coagulam e se cristalizam, adquirindo um certo desenho, sustentando uma certa forma por um certo período, mas o fluir insiste, persiste, logo o nódulo individual se desfaz e as matérias que o compunham participarão de outros seres, num processo contínuo e interminável de formatação.

Não há, portanto, de causar surpresa o fato de que muitos dos idealizadores e defensores do ciberespaço a ele se refiram significativamente como espaço *desincorporado* e *espiritual*, possibilidade, segundo alguns, de nos transformarmos em seres de pura luz, livres da brutalidade e do caos próprios de nossos corpos, livres do espaço e do tempo, novos anjos de um novo paraíso terrestre no qual, evidentemente, não haverá morte porque podemos fazer o *upload* e o *download* de nossas mentes para computadores e, transcendendo a materialidade, viver para sempre no espaço digital.

Como se percebe, estamos hoje perante a oposição entre duas atitudes predominantes nas formas contemporâneas do conhecimento. De fato, enquanto a cibercultura propõe a desmaterialização do homem, sua desincorporação e sua transformação num ser de pura luz, sem espaço e sem tempo, a tecnociência toma a direção oposta, pois propõe a pura materialidade do espírito, ou seja, a indistinção entre o sistema nervoso, o cérebro e a consciência. É nossa vez de perguntar: é isso um corpo humano? É isso um espírito humano?

Assim, a tecnociência e a cibercultura nos colocam diante da exigência de repensar o sentido do conhecimento e defender a humanidade dos humanos.

6

O ENIGMA DA SERVIDÃO VOLUNTÁRIA[1]

I.

Teeteto cavou a terra para plantar. Encontrou um tesouro. Sócrates foi ao mercado comprar legumes. Encontrou Cálias, que lhe pagou uma dívida. O navio se dirigia a Egina. Encontrou uma tempestade e derivou rumo a Atenas.

Esses exemplos são clássicos na história da filosofia: são os que Aristóteles oferece quando examina as ideias de contingência e acaso. Contingência e acaso, explica o filósofo, não são acontecimentos sem causa. São acontecimentos produzidos pelo encontro de duas séries causais independentes. Assim, o primeiro nome da contingência é *encontro* e do acaso, *encontro inesperado.* Ou, como explica Aristóteles, a

---

1 A primeira versão deste texto foi publicada no *Jornal de Resenhas*, n. 115, dez. de 2012. Disponível em: https://jornalderesenhas.com.br/resenha/infortunio-o-poder-separado-ii/. Acesso em: 12 maio 2025.

causa do acontecimento é acidental, pois produz um efeito que não estava previsto na causalidade de cada uma das séries, de tal maneira que um certo fim é realizado sem que estivesse previsto pelos agentes ou sem que estivesse presente nos meios, pois estes não visavam a tal fim e sim um outro: Teeteto foi plantar e não buscar um tesouro; Sócrates foi comprar legumes, e não receber uma dívida; o navio se dirigia para Egina, e não para Atenas.

Por que *encontro?* Porque o acontecimento não é incausado, mas o cruzamento de duas séries causais independentes. Por que *inesperado*? Porque a marca da contingência e do acaso é a indeterminação, pois tanto as causas que o produziram poderiam não ter acontecido (se Teeteto estivesse com febre, talvez não fosse plantar; se Sócrates tivesse encontrado um amigo, talvez não tivesse ido ao mercado; se a carga não estivesse embarcada, talvez o navio não saísse do porto), como também nada assegura que o fim vai ser realizado, uma vez que a finalidade da ação decidida pelo agente nada tem a ver com o fim realizado (em vez de favas, Teeteto colheu um tesouro; em vez de legumes, Sócrates obteve o pagamento da dívida; em vez de chegar a Egina, o navio deu em Atenas). Por se tratar de um encontro inesperado, a contingência é o que faz acontecer algo *novo* no mundo, isto é, algo que a causalidade natural não faria acontecer regular e previsivelmente.

Ao contrário do acaso e da contingência, o necessário é o que acontece sempre e não pode deixar de acontecer como acontece; assim como o impossível é o que não acontece nunca e não pode jamais acontecer – é necessário que a água umedeça, o fogo aqueça, o óleo alimente a chama, a pedra caia; é impossível que esses efeitos não se produzam e que a água queime, o fogo umedeça, que o verão não ocorra entre a primavera e o outono. Quando um acontecimento natural é contrário à lei da causalidade necessária, diz-se que foi produzido por uma ação ou uma causa contrária à natureza da coisa, e essa causa contrária ou contranatureza chama-se violência. É por uma ação violenta que uma pedra irá para o alto, pois é de sua natureza vir para baixo. Necessário e impossível se referem, portanto, à ação regular e normal das causas naturais, enquanto a violência se refere à intervenção de uma causa não natural numa causalidade natural. Essa causa violenta é a técnica, isto é, a ação humana que interfere no curso natural das coisas.

À distância do acaso e da contingência e situado entre o necessário e o impossível, está o possível, ou seja, aquilo que, como a contingência e o acaso, pode ou não acontecer; mas, diferentemente da contingência e do acaso, resultantes do mero encontro, o possível é aquilo que acontece se houver um agente com o poder para fazê-lo acontecer. Assim, o possível é o que está em poder de um agente fazer ou não acontecer. Esse agente pode ser a técnica que usa as causas naturais de maneira a alterar seus resultados. Mas esse agente pode ser também a vontade livre com o poder para escolher entre alternativas contrárias e para deliberar sobre o sentido, o curso e a finalidade de uma ação. Embora o possível seja, como o contingente, aquilo que pode ou não acontecer, no contingente o acontecimento se dá independentemente da deliberação do agente e da finalidade que o agente der à sua ação, enquanto no possível o acontecimento resulta da escolha deliberada feita pelo agente, que avalia meios e fins de sua ação.

Eis por que, desde Aristóteles, aprendemos a distinguir entre o contingente e o possível dizendo que o primeiro não está em nosso poder e que o segundo é exatamente o que está em nosso poder. Enfim, embora a técnica e a ação livre da vontade façam ambas parte do possível, a diferença entre elas está em que o efeito da ação técnica é um objeto diferente do próprio agente, algo que existe separadamente dele como produto, enquanto na ação livre o efeito é a própria ação, é o próprio agente agindo, de sorte que não se pode separar o agente, a ação e o efeito da ação. Somente neste segundo caso pode-se falar em ética e política, isto é, em ações que não se distinguem e não se separam do próprio agente.

Assim, se herdamos de Aristóteles a ideia do acaso como encontro, dele também herdamos a ideia da liberdade da vontade como a ação que está em nosso poder. Por isso Aristóteles afirma que não deliberamos sobre aquilo que não temos o poder de fazer acontecer; não deliberamos sobre o necessário, o impossível e o contingente, mas somente sobre o possível. A tradição filosófica nos deixa, portanto, como herança a distinção entre o que não está em nosso poder (o acaso, o necessário e o impossível) e o que está em nosso poder (o possível). Ora, só há possível quando há deliberação e escolha e por isso só se pode falar propriamente no possível para as ações humanas. Ora, no caso de nossas ações, o necessário e o impossível não se referem apenas ao que escapa de nosso poder porque são o que sempre tem que acontecer ou o que nunca pode acontecer – o necessário é a sequência imutável de séries causais e de séries de efeitos, e o impossível é a ausência de tais séries de causas e efeitos –, mas se referem ainda ao tempo. O passado enquanto passado é necessário e por isso não está em nosso poder, e o futuro enquanto futuro é contingente, isto é, pode ou não acontecer desta ou daquela maneira. À necessidade do passado se contrapõe a possibilidade do presente, em decorrência da indeterminação do futuro.

O possível está articulado ao tempo presente como escolha que determinará o sentido do futuro que, em si mesmo, é contingente: poderá ser desta ou daquela maneira, dependendo de nossa deliberação, escolha e ação. Isso significa, no entanto, que feita a escolha entre duas alternativas contrárias e realizada a ação, aquilo que era um futuro contingente se transforma num passado necessário, de tal maneira que nossa ação determina o curso do tempo. É essa passagem do contingente ao necessário por meio do possível que dá à ação humana um peso incalculável, pois um possível livremente realizado se torna um necessário instituído. O agente ético e político encontra-se, portanto, encravado entre dois poderes exteriores que o determinam de maneira exatamente oposta: a necessidade o obriga a seguir leis (naturais) e regras (históricas) sobre as quais nada pode; a contingência o força em direções contrárias imprevisíveis. Mais do que isso, no caso da ética e da política e, portanto, da história, a necessidade foi produzida pela própria ação livre do agente que transformou um contingente num possível e ao realizar esse possível o transformou em necessário.

Eis por que, ao descrever o agente ético e político virtuoso, isto é, livre e responsável, Aristóteles afirmará que a virtude perfeita é a prudência e o homem perfeitamente virtuoso é o prudente, aquele que olha para a frente e para trás, examina o passado e o futuro, pesa as consequências da ação porque estas se tornarão necessárias e terão efeitos sobre ele e sobre os outros. O prudente é aquele que enfrenta o problema maior posto pela ação livre, ou seja, a indeterminação do tempo presente, a necessidade do tempo passado e a contingência do tempo futuro.

É essa relação essencial com o tempo que leva Aristóteles, finalmente, a distinguir o acaso na natureza e o acaso nas ações humanas. Na natureza, o acaso é apenas o encontro acidental de séries causais independentes que produzem um fim não previsto e um acontecimento imprevisto. Nas ações humanas, porém, o acaso recebe o nome de *fortuna* ou *sorte,* que, explica Aristóteles, é uma causa diversa daquela em que o agente escolhe normalmente de acordo com uma escolha refletida em vista de um fim. Causa diversa porque não foi escolhida pelo agente e sim se apresenta a ele de maneira inesperada. Ora, visto que causas produzidas pela fortuna são indeterminadas ou inesperadas, ela é impenetrável ao cálculo e à decisão humana. O possível é o campo onde se exerce nossa vontade e nossa liberdade. A fortuna é o espaço-tempo do imprevisível no qual as coisas nos acontecem sem que possamos ter outra atitude senão a da recepção do acontecimento que cai sobre nós. A ética e a política pertencem, assim, ao campo do possível; a natureza, ao do necessário; e a história, porque campo de inumeráveis causalidades simultâneas, tende sempre a ser vista como o campo da fortuna, isto é, da contingência, pois esta traz a marca de tudo quanto há de incontrolável e de imponderável no tempo.

A tradição consagrou uma imagem da fortuna que se cristalizou numa iconografia muito precisa: ela é representada por uma jovem belíssima, de olhos vendados, que traz numa das mãos o globo e na outra uma cornucópia; traz na cintura um cinto com os signos do zodíaco; vem com um manto agitado pelo vento; tem asas nos pés e pisa sobre a roda que faz girar com os pés. Essa imagem nos oferece a volúvel e inconstante fortuna, senhora do mundo (o globo), senhora de nossa sina (o zodíaco), dispensadora de bens (a cornucópia), agitada como a tempestade (o manto enfunado), inconstante (as asas nos pés), cega ou indiferente aos pedidos dos homens (a venda nos olhos) e justa (a roda que eleva o vencido e rebaixa o vencedor).

Todavia, há nessa imagem um aspecto de grande relevância porque é nele que virá se inscrever a possibilidade de uma ação ética e política capaz de vencer a própria fortuna: as asas nos pés. Embora essas asas sirvam para assinalar que a fortuna é passageira, inconstante, caprichosa, volúvel e efêmera, essas mesmas asas indicam que ela age porque tem em seu favor o tempo que corre celeremente. Ora, esse tempo que corre velozmente não é o tempo da natureza, que é repetitivo e regular; nem é o tempo do destino ou da providência divina, que é um tempo lento e longo de realização de um plano divino. O tempo célere e efêmero, de que se vale a fortuna, é o *kairós*: o instante oportuno ou a ocasião oportuna, isto é, aquele instante fugidio que devemos saber agarrar, se quisermos agir e se quisermos vencer a fortuna em seu próprio terreno. O *kairós* é o tempo da ação adequada, o instante da iniciativa, quando um agente virtuoso toma sua vida em suas mãos contra o assédio, a sedução e as ilusões da fortuna.

Sob essa perspectiva, a Renascença definirá a virtude por sua oposição à fortuna, pensando num enfrentamento entre duas forças temporais: toma a fortuna como a força da indeterminação das situações e dos acontecimentos, no ponto de partida e de chegada, e a ela contrapõe a virtude como o poder para determinar o indeterminado, para deliberar e escolher os possíveis. A fortuna deixa de ser a exterioridade bruta que se abate sobre os homens para tornar-se a indeterminação e a adversidade que exigem a ação forte do virtuoso. É dessa maneira que se dá a retomada da relação virtude-fortuna por Maquiavel, Montaigne e Bacon, em conformidade com o adágio "o homem é arquiteto de sua própria fortuna".

Resta ainda um último traço para completar nosso quadro. Vimos até aqui que a prudência foi prezada como a virtude capaz de não sucumbir à fortuna, porque o prudente é aquele que tem os olhos voltados para o passado e para o futuro para escolher o possível no presente. No entanto, ao lado da valorização da prudência, uma outra virtude também foi colocada em oposição ao poderio da fortuna: a *amizade*. Diante da fortuna como encontro que pode ser ora bom ora mau, que pode ser boa fortuna ou infortúnio, a filosofia tematizou a amizade como o bom encontro, isto é, aquela relação entre seres livres e iguais cujas ações sejam fonte de liberdade para outros.

Por que a fortuna é poderosa? Porque pode tornar-se senhora dos acontecimentos, apoderando-se do tempo como *kairós*. A fortuna não tem poder sobre o tempo da natureza nem sobre o tempo do destino ou da providência, mas tem poder sobre o tempo de nossa ação. Mas que significa um tempo que é apenas um instante fugaz, efêmero, no qual tudo pode ser tramado contra nós ou em nosso favor? Essa relação com o tempo como indeterminação é a marca de nossa finitude. Não somos finitos apenas porque somos mortais, somos finitos porque *sabemos* que somos mortais; não somos finitos apenas porque nosso poder é muito menor do que as forças exteriores que nos rodeiam, e sim porque *sabemos* que somos menores do que elas. À nossa finitude, a filosofia sempre contrapôs a imagem do deus eterno e perfeitamente feliz, autossuficiente, autárquico, autônomo, plenamente livre.

Como os homens poderiam ter uma vida que se assemelhasse à eternidade, à liberdade, à autonomia e à felicidade divinas? Duas são as maneiras humanas de viver, julga Aristóteles, nas quais o homem se assemelha ao divino: a primeira delas é a vida política, na qual a comunidade age em conjunto para a vida boa e feliz do todo e por isso a *politeia* perfeita é a pólis autônoma e livre, que assegura o máximo de sobrevivência, segurança, justiça e liberdade a cada um de seus membros. A comunidade política é, assim, o bom encontro de homens livres e uma das maneiras de imitar a autossuficiência e a autonomia do divino. Entretanto, por melhor que seja a comunidade política, ela se encontra sempre sujeita à ação de comunidades estrangeiras inimigas e sobretudo sujeita à ação de inimigos internos – a guerra externa e a guerra civil indicam que a fortuna também mantém seu reinado no interior da *pólis*.

Há, no entanto, uma forma superior de bom encontro, de vitória contra a fortuna e de imitação da divindade; a amizade, relação entre os livres e iguais tecida no bem-querer e no bem-fazer em que os amigos suprem reciprocamente as limitações uns dos outros e formam uma companhia livre, que imita a autossuficiência do divino e diminui os efeitos dramáticos da finitude. Diferentemente da comunidade política, a amizade não sucumbe ao poderio da fortuna, mas, ao contrário, somente ela tem a força para impedir que a diferença de posses, fama, glória e honras divida os amigos, pois o que é de cada um é de todos, e são todos que agem para que cada um seja o que é e tenha o que tem. Se, pela política, nós nos humanizamos, pela amizade nós nos divinizamos. Eis por que, no *Discurso da servidão voluntária*, Etienne de La Boétie afirma que a amizade é coisa santa.

II.

O *Discurso da servidão voluntária* poderia ser lido na chave da tradição cujo quadro esboçamos acima. No entanto, há algo no texto de La Boétie que nos impede de permanecer nela. E esse algo se torna legível se fizermos um desvio por uma outra tradição.

Num dado instante do *Discurso,* exatamente quando formula a ideia de mau encontro que teria desnaturado o homem, fazendo-o perder a lembrança de sua liberdade natural originária, La Boétie ergue uma hipótese: a de que, se nascesse uma "gente novinha, nem acostumada à sujeição nem atraída pela liberdade, se lhe propusessem ser servos ou viver livres, com que leis concordaria?", indaga La Boétie.[2] A hipótese é evidente: La Boétie se refere à imagem dos habitantes do Novo Mundo, tradicionalmente apresentada pelos viajantes como a dos homens sem lei, sem fé e sem rei.

Ora, essa imagem tornara-se central nas disputas europeias sobre o direito dos conquistadores. As questões mais debatidas pelos teóricos do período se referem ao direito natural, ao direito das gentes, ao direito civil, se os índios são ou não escravos naturais, se a existência de reinos, como os do México, indica a necessidade de incluir os índios no direito das gentes e no direito civil. Em outras palavras, as discussões quinhentistas são de tipo jurídico e oscilam entre a afirmação e a negação do direito natural, do direito das gentes e do direito civil aos índios,[3] e entre a afirmação e a negação da escravidão natural dos indígenas.

---

2 La Boétie, Étienne. *Discurso da servidão voluntária.* Texto estabelecido por Pierre Léonard. Tradução de Laymert Garcia dos Santos. 3. ed. São Paulo: Brasiliense, 1986. p. 19.

3 Mantemos de acordo com o uso da palavra "índio" pelo antropólogo Pierre Clastres. Entretanto, entendemos que atualmente usa-se "indígenas" e "povos originários".

A peculiaridade do texto de La Boétie está, antes de tudo, em não propor a questão do "selvagem" – de um outro que seria o mesmo que nós, europeus, numa fase primitiva de evolução –, nem de um outro imaginado como "bom selvagem", nem o selvagem como figura já constituída da política e do direito civil. Em outras palavras, La Boétie não introduz uma questão jurídica, nem uma imagem da "gente novinha" como etapa na constituição da identidade humana, isto é, europeia. La Boétie fala em gente não acostumada à sujeição nem atraída pela liberdade. Ou seja, de gente que *não instituiu um Estado*, de gente que nem mesmo conhece o nome da liberdade, mas que, se posta diante de uma escolha e de uma deliberação entre dois contrários possíveis – servir a si mesma ou servir a um senhor –, escolheria "somente à razão obedecer"[4] em vez de "a um homem servir".[5] Essa "gente novinha" desconhece o *nome* da liberdade justamente porque vive livremente; é uma gente racional, e é essa racionalidade que a faz escolher, sem titubear, servir à razão, isto é, a si mesma, e não servir a um senhor. Em outras palavras, La Boétie não indaga se essa gente disputaria sobre formas legítimas e ilegítimas de dominação, mas afirma que essa gente recusaria qualquer forma de dominação. Dessa maneira, a imagem quinhentista dos selvagens como gente sem lei, sem fé e sem rei assume um sentido inteiramente novo: trata-se de gente que *escolheu não ter* leis, fé e rei porque escolheu a liberdade.

---

4 La Boétie, op. cit., p. 19.

5 Ibidem.

A "gente novinha", como dissemos, é introduzida num momento preciso do *Discurso,* quando La Boétie indaga como se deu o mau encontro: como o homem, o único naturalmente feito para viver livremente, se sujeita a um jugo que nem mesmo os animais aceitariam sem primeiro lutar contra e sem serem forçados a ele. Essa interrogação se articula a uma outra, que é o centro do *Discurso* – a interrogação de La Boétie não se dirige à diferença entre poderes legítimos e ilegítimos nem à busca da causa da tirania, mas se volta para o enigma da separação do poder. Como foi possível que os homens tenham instituído um poder separado da sociedade e que, graças a essa separação, pode dominá-los como uma força estranha e transcendente?

A prova de que a interrogação do *Discurso* não é sobre a causa da tirania e sim sobre a origem do poder separado da sociedade está em que La Boétie afirma haver três tipos de tiranos – por eleição, por conquista e por hereditariedade –, mas que, embora diferentes as maneiras de chegar ao poder, é "sempre a mesma a maneira de reinar". Ou seja, o tirano não é aquele que exerce um poder excessivo e ilegítimo, mas simplesmente aquele que exerce o poder quando os homens escolheram ou aceitaram um poder que se situa fora e acima da sociedade e que alguém o exerça porque escolhido para exercê-lo. Por que não há diferença nas maneiras de reinar? Porque o eleito se comporta como um conquistador e o conquistador, como se tivesse sido eleito, e ambos trabalham para assegurar a hereditariedade do poder, que lhe dará traços da naturalidade, como se tivesse existido desde sempre, por natureza. A pergunta de La Boétie, portanto, é: como nasceu um poder transcendente à sociedade? E a resposta inicial é que, caso se perguntasse à "gente novinha" se quereria servir a um senhor, ela responderia "não" e não permitiria o nascimento de tal poder.

Assim, a "gente novinha" surge no *Discurso* para demonstrar que não há *necessidade natural* nem *necessidade de destino* no surgimento do Estado como poder separado da sociedade, isto é, como dominação de um senhor ou de vários senhores sobre o restante da sociedade. Se não é por necessidade da natureza nem por necessidade do destino que tal poder foi instituído, qual é a origem e a causa de sua instituição? Se essa não é uma necessidade, então há de ser ou contingente ou voluntária. Visto que, nas ações humanas, o contingente é o que acontece por fortuna enquanto o que acontece por vontade é feito por liberdade, cabe indagar se o poder separado – o Estado – surgiu por infortúnio, e não por ação humana deliberada dos homens, ou se nasceu pela liberdade da vontade humana. Nasceu por fortuna e mau encontro ou por livre decisão da vontade?

III.

O *Discurso da servidão voluntária*, como seu título indica, debruça-se sobre um enigma: como os humanos, seres naturalmente livres, usaram a liberdade para destruí-la? Como é possível uma servidão que seja voluntária? De fato, escreve La Boétie, servidão voluntária é alguma coisa que a natureza, ministra racional de Deus e boa governante de todas as coisas, se recusou a ter feito. Mais do que isso. Servidão voluntária é algo que a própria linguagem se recusa a nomear, pois essa expressão é um oxímoro, uma vez que vontade livre e servidão são opostas e contrárias: toda vontade é livre e só há servos por coerção ou contra a vontade, coisa de que até os animais dão prova. O enigma, portanto, é duplo: como humanos livres se dispuseram livremente a servir e como a servidão pode ser voluntária?

É para responder a essa interrogação e decifrar esse duplo enigma que La Boétie começa propondo o infortúnio ou o mau encontro como resposta. Foi por infortúnio ou má fortuna que os homens se desnaturaram, isto é, perderam a liberdade natural e escolheram ter senhores, acostumando-se a servi-los. Desaparecido o amor da liberdade e enraizada a "obstinada vontade de servir",[6] os humanos perderam o direito natural – desaprenderam a ser livres e se esqueceram de que, por natureza, obedecem apenas à razão e não são servos de ninguém. Por que por má fortuna? Por que por mau encontro e infortúnio? Porque, escreve La Boétie, por natureza somos todos livres, iguais e companheiros, com o dom da fala e do pensamento para nos reconhecermos uns aos outros e para que, declarando nossos pensamentos e sentimentos, possamos criar a comunhão de ideias e afetos. Portanto, "não pode cair no entendimento de ninguém que a natureza tenha posto algum em servidão".[7] Consequentemente, se somos servos, não o somos por obra da natureza, mas por

6 Ibidem, p. 16.

7 Ibidem, p. 17.

operação da fortuna. Mas que infortúnio foi esse, que mau encontro foi esse que nos desnaturou a tal ponto que já nem nos lembramos de que um dia fomos iguais e livres?

A resposta é buscada na origem da tirania: o infortúnio, essa contingência incontrolável, aconteceu no momento em que os homens elegeram um senhor, que se tornaria tirano, ou no momento em que foram conquistados pelas armas de um tirano. No primeiro caso, foram imprudentes; no segundo, vencidos pela força. Ora, ainda que sejam diferentes as maneiras de um tirano chegar ao poder, já sabemos que é idêntica a maneira de governar e, se assim é, não basta referir a causa da tirania à fortuna, pois mesmo que suba ao poder num momento de infortúnio, o tirano nele se conserva por consentimento voluntário dos tiranizados. Se a fortuna pode explicar o advento da tirania – que o poder se separe da sociedade –, não pode explicar sua conservação e, dessa maneira, estamos de volta ao nosso enigma inicial: como é possível a servidão voluntária?

O *Discurso* procura, então, nova resposta. Se por natureza os homens são livres e servem somente a si mesmos, servindo à razão, a servidão só pode explicada pela coação ou pela ilusão. Por coação: os homens são forçados, contra a vontade, a servir ao mais forte. Por ilusão: os homens são iludidos por palavras e gestos de um outro, que lhes promete bens e liberdade, submetendo-os ao iludi-los. Novamente, porém, a resposta não é satisfatória, pois, como anteriormente, a coação e a ilusão podem explicar por que o tirano sobe ao poder, isto é, por que o poder se separa da sociedade, mas não podem explicar porque ele assim se conserva.

Agora, porém, La Boétie parece encontrar a boa resposta: a tirania se conserva pela força do costume. Este é uma segunda natureza e os humanos, inicialmente forçados ou inicialmente iludidos, se acostumam a servir e criam seus filhos alimentando-os no leite da servidão; por isso os que nascem sob a tirania não a percebem como servidão e servem voluntariamente, pois ignoram a liberdade. O costume, portanto, é o que nos ensina a servir.

Ora, qual o engano dessa argumentação que parece tão coerente? Supor que o costume possa ser mais forte do que a natureza e apagá-la. A prova de que isso é falso está no grande número de exemplos históricos de povos e indivíduos que lutaram para recobrar a liberdade perdida. Destarte, o poder separado, mesmo que seja instituído por fortuna e conservado por costume, não encontra na fortuna e no costume sua origem verdadeira. É preciso, ainda uma vez, explicar de onde o poder separado tira a força para se conservar e de onde vem o desejo de servir. É preciso saber por que e como os homens *agem* para sua própria servidão.

A força do tirano, explica La Boétie, não está onde imaginamos encontrá-la: nas fortalezas que o cercam e nas armas que o protegem. Pelo contrário, se precisa de fortalezas e armas, se teme a rua e o palácio, é porque se sente ameaçado e precisa exibir signos de força. Fisicamente, um tirano é um homem como outro qualquer – tem dois olhos, duas mãos, uma boca, dois pés, dois ouvidos; moralmente, é um covarde, prova disso estando na exibição dos signos de força. Se assim é, de onde vem seu poder, tão grande que ninguém pensa em dar fim à tirania? Vem da ampliação colossal de seu corpo físico por meio de seu corpo político, provido de mil olhos e mil ouvidos para espionar, mil mãos para espoliar e esganar, mil pés para esmagar e pisotear. O corpo físico do tirano não é ampliado apenas pelo corpo político como corpo de um colosso, também sua alma ou sua moral são ampliados pelo corpo político, que lhe dá as leis, lhe permite distribuir favores e privilégios e seduzir os incautos para que vivam à sua volta para satisfazê-lo a todo instante e a qualquer custo. A pergunta que cabe fazer é: quem lhe dá esse corpo político gigantesco, sedutor e malévolo? A resposta é imediata: somos nós, "povos insensatos",[8] que lhe damos nossos olhos e ouvidos, nossas mãos e nossos pés, nossas bocas, nossos bens e nossos filhos, nossas almas, nossa honra, nosso sangue e nossas vidas para alimentá-lo e aumentar-lhe o poder com que nos destrói.

Mas, se assim é, e se, por infortúnio, um tirano galgou o poder e, por costume, ali se mantém, como derrubá-lo e reconquistar a liberdade? Responde La Boétie: não é preciso lutar contra ele, basta não lhe dar o que nos pede: se não lhe dermos nossos corpos e nossas almas, ele cairá. Basta não querer servi-lo, e o Estado tombará.

Mas, se é tão clara a resposta, maior então o enigma da servidão voluntária, pois, se é coisa fácil derrubar a tirania, é preciso indagar por que servimos voluntariamente ao que nos destrói. A resposta de La Boétie é terrível: consentimos em servir porque não desejamos a liberdade. Consentimos em servir porque esperamos ser servidos. Servimos ao

8 Ibidem, p. 15.

tirano porque somos tiranetes: cada um serve ao poder separado porque deseja ser servido pelos demais que lhe estão abaixo; cada um dá os bens e a vida ao poder porque deseja apossar-se dos bens e das vidas dos que lhe estão abaixo. A servidão é voluntária porque há *desejo de servir*, há desejo de servir porque há *desejo de poder*, e há desejo de poder porque a tirania habita cada um de nós e institui uma *sociedade tirânica*. Haver tirano significa que há sociedade tirânica. É ela, e somente ela, que dá poder ao tirano e o conserva ali onde o colocou para malfazer. É a divisão social que institui o Estado como poder separado. Eis o infortúnio.

IV.

Para comprovar que o desejo de liberdade é natural e que, para os homens, agir conforme a sua natureza é agir por liberdade, La Boétie confronta os "muitos" (os povos insensatos e as nações cegas) que servem a "um só" e os "alguns" que não cessaram de desejar a liberdade porque não desejam servir. Esses "alguns" são, em primeiro lugar, os que "não se contentam, como a grande população, em olhar o que está diante dos pés se não divisam atrás e na frente":[9] são os prudentes, aqueles que sabem que uma vez perdida a liberdade, "todos os males se seguem de enfiada". Porque prudentes, esses "alguns" não se deixam dominar pela fortuna, pelas condições adversas do presente, mas procuram ler o curso

9 Ibidem, p. 24.

do tempo e agir para determinar o indeterminado, pois sabem que a ação presente se tornará um passado necessário que desencadeará efeitos necessários para o porvir.

Se os prudentes são os que não se deixam seduzir pela fortuna, por benefícios presentes que se tornarão malefícios vindouros, os amigos são aqueles que não se deixam iludir pelo risco maior, aquele risco que é o infortúnio originário porque é aquela ação voluntária e livre na qual será plantado o germe do poder separado ou a tirania. Que risco é esse?

A amizade, escreve La Boétie, é coisa santa, nome sagrado. Só existe onde há igualdade, liberdade e justiça, cultivada entre os que se unem pelo bom natural e para o bem fazer recíproco. Nela não há lugar para a cumplicidade e o malefício. Vence a fortuna porque não se ilude com falsos bens, pois cada amigo é para o outro o bem verdadeiro. Mas, se é isso a amizade, então o risco maior é que, por amizade, os amigos elevem um dos seus e o coloquem acima dos demais. Se o fizerem, instituem a desigualdade, lançam um dos seus para fora e para além dos limites da amizade, o separam da boa companhia, o isolam e o servem, imaginando assim compensá-lo do isolamento e do desamor que lhe trazem sua nova condição. Ora, que esse risco é real, basta para comprová-lo que lembremos que o nome grego *tyrannós* não significa aquele que exerce um poder pelo uso da força, e sim aquele que é mais excelente do que os outros em tudo o que faz. É *tyrannós* o melhor, o mais valente, o mais sábio, o mais clarividente, o mais hábil. É justamente por suas qualidades excepcionais que os amigos o elevam acima deles e o isolam, e, da admiração, passam à servidão.

Ao retomar as duas virtudes com que a tradição imaginara vencer a fortuna, a adversidade e o infortúnio, La Boétie produz um efeito de conhecimento espantoso: a origem da servidão voluntária encontra-se em três causas que deveriam torná-la impossível, isto é, a vontade livre, a prudência e a amizade. A vontade livre, se os humanos escolherem ter um senhor. A prudência, se, ao deliberar calculando entre dois males, escolherem o mal menor em vez de mal nenhum. A amizade, se os amigos elevarem o melhor entre os seus, separando-o do círculo dos iguais porque é *tyrannós*. Dessa maneira, são exatamente as condições da virtude, da liberdade e da felicidade que podem ser a causa da servidão voluntária: é isso que La Boétie chama de *infortúnio*.

Para lançar uma luz sobre esse infortúnio, o *Discurso* introduz a "gente novinha". Todavia, depois da alusão à gente nova, curiosamente La Boétie alude a uma outra gente, "a de Israel",[10] cuja história provoca indignação no autor, pois "sem coerção e nenhuma precisão, deu a si mesma um tirano",[11] isto é, um rei, contrariando a ordem deixada por Moisés. O texto é claro: se foi sem coerção nem precisão, e se os humanos só servem se forçados ou iludidos, é evidente que os hebreus se iludiram e que sua situação é exatamente a mesma que a dos gregos, mencionados na abertura do *Discurso,* quando, segundo Homero, aceitam a palavra de Ulisses: "Em ter vários senhores nenhum bem sei,/ Que um seja

---

10 Ibidem, p. 19.

11 Ibidem, p. 19-20.

o senhor, que um só seja o rei".[12] Tanto no caso dos hebreus quanto no dos gregos, esses povos e nações não cessaram de sofrer "os males que se seguem de enfiada".[13]

Por que o contraponto entre o povo hebraico e o povo grego, de um lado, e a gente novinha, de outro? La Boétie dirige o olhar ao momento da origem do poder separado, figurado pelos gregos e pelos hebreus, em contraposição à gente nova que impede essa instituição. Situando-se entre duas temporalidades, o *Discurso* não se situa entre dois tempos empíricos, e sim numa diferença ontológica: o tempo depois da liberdade e o tempo da liberdade.

No entanto, porque se situa na temporalidade, o *Discurso* sabe que se situa no contingente, no possível e no risco permanente do mau encontro ou do infortúnio. Eis por que a "gente novinha" surge em sua argumentação para exprimir algo aparentemente contraditório: de um lado, figurar a humanidade enquanto tal, a universalidade originária do gênero humano, e, de outro, levar ao reconhecimento de que essa universalidade ou a humanidade, enquanto racional e livre, desapareceu. Sob essa perspectiva, os selvagens do Novo Mundo são os que não querem a servidão voluntária, recusam a separação entre a comunidade e o poder e por isso figuram a universalidade humana e a memória (ontológica) da origem perdida. Não são o Outro: são o humano nos homens.

---

12 Ibidem, p. 11.

13 Ibidem, p. 15.

AGRADECIMENTO

Muitas vezes, ao reler um conjunto de textos que, à primeira vista, pareciam muito diversificados, nos damos conta de que estão entrelaçados por um fio que os unifica e dá sentido à sua reunião, formando uma única tecelagem.

Como em toda obra de pensamento, o fio tecedor é a interrogação sobre nossa experiência vivida para compreendê-la sem tomá-la como um destino inelutável, mas desvendando seu sentido. Da filosofia como modo de vida à recusa da servidão voluntária, nosso caminho é a busca da liberdade em sua luta contra a tirania do senso comum no plano das ideias e a resignação no campo de nossas ações.

Por isso, agradeço às leitoras e aos leitores pela paciência de me acompanhar numa luta que não é apenas minha, e sim de todos nós.

MARILENA CHAUI

São Paulo, junho de 2025

Acreditamos
nos livros

Este livro foi composto em Adobe Garamond Pro
e impresso pela Lis Gráfica para a Editora Planeta
do Brasil em agosto de 2025.